El cuerpo del milagro

Juan Carlos Quintero Herencia
El cuerpo del milagro

© Juan Carlos Quintero Herencia, 2016
© Fotografía de cubierta: W Pérez Cino, 2016
© Bokeh, 2016

ISBN: 978-94-91515-36-1

Todos los derechos reservados. Cualquier forma de reproducción, distribución, comunicación pública o transformación de esta obra sólo puede ser realizada con la autorización de sus titulares, salvo excepción prevista por la ley.

Mirabilia

    Naturaleza muerta 13
    Teluricidad marina 14
    Fracaso del ojo 17
    Luces entrevistas 19
    Daimon 20
    Sucesión del carapacho 22
    Ciervos y ruedas 24
    Egipciaca 26
    El sacrificio 27
    La risa de Yemayá 29
    Ochún en la tierra I 30
    Ochún en la tierra II 31
    Combustible 33

Insomnio 34
Superficie uno 35
Tarifa doble 36
Un día claro: superficie dos 37
Del diario de Olokun: superficie tres 38
El mensaje en la botella 39
Fiesta del olvido 40
Abandono de la penitencia 41
Visión en la guagua, casi 42
Parpadeo blanco 43
Parpadeo negro 44
Litoral acústico 45

Arena en los ojos: culinaria

Duplicidad del jardín: salida del marisco 49
Retrato del autor adobando codornices 51
Morcillas, granos, ajíes o idolillos 53
La cena del metal 55
Sahumerios al aguacate 57
La esfera en celo 59
69 61
El cuerpo del milagro 63
Paisajes del culo 65
Posteriores, postres 67
De la infancia 68
La gallinita ciega 73
Pájaros 77
La delación del espejo 79
Robinson Crusoe enciende una pipa: arrebato 81
Precipitación: un paisaje 87
El mejillón viaja con su lengua 89

Los piropos de la concha 92
Nocturno en oración 96
Eye of the beholder 100
Diarios 102
La pequeña 105
Ruego 106
Anotaciones 109
Sumisión 111
Por esto 114

Linfáticos

La mitad de la semana: resonancia magnética 119
Plegaria en el tránsito 124
Hora de almuerzo 126
Anzuelos para Palés Matos
    La carne del agua I 127
    La carne del agua II 129
Yo quiero volver a Babel 131
Envío para el cogollo 135
Informe de pérdidas 139
La receta en azul 143
La corona de Barreto (Barreto 1975) 145
Ante un oficial de aduanas 146
El nómada 154
Aguanilé 160
Sobre el cuidado que se debe
observar en las esquinas 162
A la salida del cine: Un grafiti 174
Falsas rimas insulares 177
Guarnición 181
Siempre Ciempiés 183

Umbra

Cangrejeros

    La corrida 189
    Día antes 194
    Narciso y su jueyito: momentos antes 196
    El convite o de la inmortalidad del cangrejo 198
    Como para devenir tritón 203

Mudanza

    Cambio de hora 207
    La ardilla 208
    Invierno entonces 210
    Visión en Maryland I 211
    Visión en Maryland II 212
    Verano 213
    Exhibición pequeña 214
    Noticia de la oscuridad 215
    En su tinta 216
    Elogio de la cáscara 217
    Baño de Gustavo 218
    Sueño de Daniela 220
    Rezo 221
    Don de estilo 223
    Playa de Montones 224
    Cuando 227
    Arte oral 235
    Caballo de Troya 237
    Me tocó vivir 240

Dios: el día y la noche, el invierno y el verano, la guerra y la paz, la saciedad y el hambre. Pero se torna otro cada vez, altera, como cuando mezclado con perfumes es nombrado de acuerdo al gusto de cada uno.

Heráclito, CXXIII (D.67)

Hete aquí este paisaje digestivo
recién pescado en linfas antillanas.

Luis Palés Matos, «Menú»

Mirabilia

Naturaleza muerta

Sobre la esponja hinchada
el viento va apiñando lancetas,
su vigilia sobre la isla despliega
saciada su corrosión diminuta,
ponzoña que se retira,
cangrejos que la merecen,
la bella dormita tras el festín.

Desposados el mercader, el Líder, la congregación,
sus autos, sus peinillas, sus pozomuros,
concebidos y untados al sedimento de la caverna marina,
mueren de ruido y pringue,
molusco que hiede en la sombra,
basural bajo la palma que merodea el perro sato.

Enredada en la verja como un temporal,
la vieja mata de parcha ahoga la extensión del algarrobo,
los rótulos estrenan óxidos,
el árbol no gime
quién lo dijera,
el gallo sin elocuencia.

Bodegón que no sabe de cruces auspicioso.

---

* 5 de agosto de 1999, 17 de mayo de 2003, 27 de enero de 2007 y 20 de febrero de 2013, Isabela y Silver Spring.

Teluricidad marina

El viejo pescador ya no puede con las redes,
sin empujes sus lanzadas no son lejanía,
residente en la escasez y la ropa percudida,
vuelve su espalda al mar,
las montañas aún no son el paisaje,
hacia ellas con sus bártulos se dirige,
en la orilla se puede apreciar el vacío de la tarraya,
la ocasional colirrubia que boquea,
la cocolía que se ahoga entre el desperdicio.

No hay ruidos familiares ni una mujer en la ventana,
sólo las montañas lo reciben y
el doble horizonte de los edificios.
Al pie de la cordillera no serpea
la autopista que lo acercara,
sin embargo motete son sus ojos,
formidable equipo de música
que hoy nada extrañará.

La mirada recorre la sucesión del océano en la tierra,
es el agua que lo mira,
las cavidades azulosas son los cuerpos,
la chola que cortocircuitea,
el espejo de los verdes sus anguilas tienen,
el monte boscoso o su cabeza bajo las algas,

---

* 4, 5 y 8 de noviembre de 2002, 19 de junio, 18 de diciembre de 2003, 29 de marzo de 2014, Washington D.C. y Silver Spring.

líquida membrana que redunda en la pupila,
de niño cazaba en la distancia la lobina.

Experiencia que nada ciega
cazadora
acosada en la continuidad de un oleaje
que lo apacigua como el tedio –fruta podrida–.
El pescador llega ya a la pequeña casucha,
lanza entonces la hamaca que lo enredara siempre,
tintorera del mar que se ha comido a un americano.

El paisaje del Caribe es esta alharaca de guineas,
la papaya que devora al murciélago,
hojarasca a la que la brisa añade una bolsa de plástico.

Con el pasar del tiempo el pescador es objeto de alejadas visitaciones,
en las cercanías de su casa los jóvenes dejan canastas de frituras,
botellas de ron,
revistas pornográficas,
revistas del Hipódromo,
un moto que envidia el cigarro,
saben que aún no chochea.

En las mañanas el pescador se caga en la vereda
que lo llevara a la playa,
a veces hace montículos que seca el viento,
otros los cubre con tierra y palitos,
en la noche mangostas y cangrejos los descubren.

Se le ha visto alzar una pirámide de leña,
abrasar maderas como si fueran la única válvula,
recorrer sus alrededores sabiendo de su hundimiento

en el aceite inclemente del horizonte,
los vecinos creen que medita mientras hace carbón.

El día lo recibe cubierto de escamas,
viejo puerco es,
viejo escualo es,
no son nubes
agallas le han crecido en algún lugar,
levanta la cabeza justo allí
al pie del monte,
un juey ya no se le esconde.

¿Cómo saber dónde comienzan las lianas los helechos,
dónde termina el coral o las mareas?
¿cuál distancia entre lo cercano y lo lejano,
dónde la villa o los minaretes?

Sonríe o parpadea,
como una azada que se oxida bajo la tierra,
el viejo supurante
como el salitre que lo libera.

Fracaso del ojo

El cangrejo de viento,
el huracán
no es poderoso
el huracán es desordenado,
criatura sin ley,
incapaz de hacerse único e indivisible,
de grabar en la tierra sus iniciales.

El meteorólogo lo nombra,
lo vigila,
intentando robar su misterio,
con instrumentos domeñar su rareza,
desde las alturas
apenas lo narra.

El cangrejo de vientos es la transparencia,
nada límpido hay en su ser invisible,
pero su ojo la nada transmite a las edificaciones.
Ante la nostalgia de las erecciones
el huracán desata la caída
a toda fuerza.

Se es allí sin autonomía,
la trampa del crustáceo es su disfraz traslúcido,
el huracán es un juey sentado

---

* 4 y 19 de junio de 2003, 24 de marzo y 2 de junio de 2014, Silver Spring.

sobre una pila de excrecencias que riega con sus pinzas,
vagabundo en las sabanas
con los andrajos juguetea,
se da placer
cuchichea
como una mancha.

Devorador de todo y
siéndolo también
contaminado,
el cangrejo de viento es la contaminación del vacío,
no se aprecia su cuerpo exangüe y ebrio,
tocado de todo y por todo
se precipita sobre la potencia de sus delicias,
sobre el sabor de la mierda,
sobre el ojo del gato muerto,
desorientado por los coños que deja a su paso
parece que no quiere más.

El cangrejo de viento,
el huracán
no es poderoso
el huracán es el cuerpo desorbitado,
cangrejo de aire,
cangrejo terminal
desplegado en su ruta,
ocaso de los paisajes.

Luces entrevistas

En las pupilas llevo un leopardo suspendido decapitado,
en su extensión de lienzo abanderado
tal vez traslúcido,
sin embargo serpiente sobre tapiz
en flotación el viento oponerle quisiera.

Así la luz de su crepúsculo que no sé si soñado o
entrevisto en días carcomidos por el reloj y la tele.

Tal vez algún recorrido por ese bosque,
tal vez algún tedio en el tráfico
hizo que el duende supurara sus polvos,
tal vez plegado al murmullo de los autos y sin alojo
habita las meditaciones de la niñez.

Bajo el helecho
mis ojos sólo creen en el animal casi cometa desplegado.

---

* 25, 30 de julio, 6 de diciembre de 1997, 11 de diciembre de 2000, 12 de enero de 2007, 18 de diciembre de 2014, Río Piedras, Miramar y Silver Spring.

Daimon

Bajo el párpado del insomnio,
un demonio sonriente se despide de sus rasgos,
si aquello fuese un rostro
levantarías las preguntas de rigor,
pero apenas es el trazo de formas que ya se retiran,
como algo que quisiera escapar de las olas,
como algo que devora una melena negra,
su ceder recuerda las estampillas que alguna mar reclamara
tras los naufragios.

Abro los ojos.

Repujando un anillo sobre la cera de tus oídos,
en la orilla opuesta
el cangrejo labora,
no es demonio sino el celaje de su descendencia,
te envenena la pámpana.

Tras los desastres
los cangrejos laboran,
antes también,
recaman una red de cavernas
bajo el párpado del insomnio
lucen
la esponja incesante

---

* 4 de agosto, 21-24 de diciembre de 2005, 24 de marzo y 2 de junio y 18 de diciembre de 2014, Silver Spring.

del ruido
de las palabras.

Esperma que iría a brillar,
si no la secara el viento,
esperma que iría a brillar
si no se la llevara el mar.

Sucesión del carapacho

Un paseante penetra en la brevedad de un parque,
lugar de paso casi bosquecillo
esquina a la que le han crecido árboles,
apenas claro de veredas y senderos,
apenas la consulta de los bancos.

El paseante entre la bruma parece sumergido,
el invierno se retira con el deshielo y
la tibieza descama lo oculto,
poca es la luz,
como leche
que se diluye entre mantas sobre el suelo.

Detenida la figura nunca muestra la opacidad o el desprendimiento,
la pendiente que gobierna una escalera descongela ya
la forma de un trillo,
un susurro ojeroso
apocado –colibrí de alfileres–
es un riachuelo que no respeta sus botas
ni estos adjetivos,
la arena y la sal le abren paso al nuevo cuerpo.

El paseante sostenido está
a punto del azoro,
cuando branquias no aletean y

---
* 11 y 12 de febrero de 2000, 30 de mayo de 2003, 24 de marzo y 18 de diciembre de 2014, Providence y Silver Spring.

lo submarino no aparenta,
una ráfaga –la caracola de los orificios–
le trae de vuelta la marisma de su isla.

Doble esqueleto quisiera
Doble amuleto quisiera
escapado molusco ante esta nevisca obesa y prieta,
bajo el aire de su retoma
el primer paso inhala
el segundo exhala,
el respiro es ese lugar donde un cangrejo blanquísimo
echado sobre su mirada
como la nieve misma
felpudo y estofado de nadie,
se limpia el sexo.

Ciervos y ruedas

Aquel valle era una tinaja iluminada y
las aguas sólo concedieron sobre su superficie algunas colinas,
careyes que desconocían el mar allí dormitaban,
el guerrero que lo custodia
–pero decir esto es señalar algo que aquél desconocía–
sabe que sus alegrías y la forma del valle son un mismo tejido,
recién llegado por la espada –y decir esto es saber algo de su lejanía–
cierto día el guerrero vislumbra el canto de un ave que escapaba
en su espiral y avizora un desierto entre las enredaderas del valle.

Cansado de sus caminatas en torno al recipiente
rompe con su arma –al suroeste– el borde de la tinaja,
se derraman arrozales, tilapias, zarcillos, serpientes, tortugas,
Changó cuenta que fue su rayo y
haber visto un hombre desconocido sentado al pie de un cerezo
masturbándose con un dedo en el aire.

El derrame es sombra
multitudes que se arrimaban cual racimos.
Las serpientes, desde entonces, sirven
a los hombres conversando con los muertos.

El desfiladero y las lenguas destilarían ascensos y descensos,
el primer bosque:

---

* 12, 23 de septiembre, 29 de octubre de 1996, 6 de diciembre de 1997, 12 de enero de 2007, 20 de febrero de 2013 y 11 de diciembre de 2014, Río Piedras y Silver Spring.

respiro de una criatura que no cesa de copular con la palma o
el bambú, las plazas ilesas de las ciudades desaparecidas
se sucedían entre la luz amarilla
y el humor que expulsaran los primeros devotos,
allí Buda en una de sus 550 vidas formó
el primer itinerario de la cúpula,
el valle se pobló de templetes, veredas y capillas.
Oggún no decía aún la lubricidad del martillo,
Eshu ya había comido,
Oyá ocupaba la pagoda de las nueve filas de columnas
que preside aquel cielo,
allí reposará en su vejez y nadie osará arrodillarse.
En un templo sin concesiones nadie arriesgaba mirarla al rostro.

El archipiélago fue escondido en la geografía,
camuflado en una torre de piedra blanca
bajo cuatro ojos y un caracol.

Allegarse ha sido abrasar los cientos de escalones
que son la vereda y las charcas sorprendidas por el cuerpo
en el sueño de la tarde,
desde entonces el director de la orquesta de esta comarca
siempre llega a su labor en un trineo y
se detiene donde los creyentes lanzan arroz y polvo de sándalo,
allí el elefante rumia una vara de guayabo,
Elegguá prende su garabato,
el mejor pelotero del siglo xx dialoga con Saturno.
Todos saben que no hay nada que hacer,
el músico sin embargo espera
junto al portón recamado de ciervos y ruedas.

Egipciaca

Un idolillo hallado en la vieja maleta,
sarcófago indigesto ya no pulsante,
ha sido la máquina que no viera la santa.

Hoy el pequeño guerrero de los dos rostros
triunfa como el alfiler sobre la carne,
la lengua sobre su labia,
la mano desalojaba para el vacío y
quien lo ocupara de letras yace cubierto de oscuridad.

Mañana salgo de viaje a Manhattan,
mientras empaco
su presencia avizora mi paso,
resuelto
encandila mi niñez en un mapa inacabado,
pequeño guerrero hallado en la casa es.

Idolillo emergente
Recobrado por las manos de la santa,
los duendes alojados en su casi desierto
la pirámide
no es mi alcoba.

---

[*] 9 de julio y 29 de octubre de 1996, 10 de mayo de 1997, 1 de junio de 2003, 5 de noviembre de 2007, 20 de febrero de 2013 y 13 de marzo de 2014, Río Piedras y Silver Spring.

El sacrificio

En el umbral de la casa
el ron y el vino son de la figurilla,
desplazándose van
desvestidos
ungido uno del otro amancebados,
sobre ellos mismos distendidos,
si proceden
la deidad las velas el tabaco incendiado y nadador
la sangre del gallo giro su humo quisieran quizás
los besos las rodillas los baños sobre los pies el aceite y
los ojos temblando junto a mi pecho
el tambor
repercuten: dos bocas.

La de dulces granos que en la avenida trillaras
cangrejo
en los cruces esplendentes
cangrejo
estrellas que no escapan
el caldero levantado sobre sus clavos
fuga soldada a la Ceiba
las piedras abrillantadas
todos te miran extasiados.

---

* 10 de abril, 14 de septiembre de 1996, 12 de enero y 10 de diciembre de 2007, 20 de febrero de 2013 y 18 de diciembre de 2014, Río Piedras y Silver Spring.

Cascarilla que agradecen los ojos del Orisha,
¡ay! la miel en la cintura de la diosa y
el sudor de Oggún en los letreros de la ciudad.

La risa de Yemayá

En la tarde re-cedida por la marea
la playa sucumbe a los pies de la lentitud,
la ola
colmenera luego
su cerveza entonces cuaja,
algodón que la melaza unta
rizándolo,
serpiente agradecida por su plata,
la arena le concede el espejo que alguna vez fuera,
pues la ola telaraña en su sierpe desplazada,
como la ostra sobre la lengua,
como el jabalí sobre el ciervo,
muestra la primera huella de incandescencia,
los rasgos de la primera madre,
los pliegues del mejor ojo,
el sol es una moneda acuñada por el azoro y el olvido,
la playa río que lamenta su membrillo o
la diosa erigida
perturbadora o galante
invencible,
azucarada.

---

* 20 de agosto de 1996 y 18 de diciembre de 2014, Isla Verde-Río Piedras y Silver Spring.

Ochún en la tierra I

Atarse al color de la risa,
amarrarse a la dimensión que abre su boca,
un trato extremado con los atributos de la carne
con sus modos saltarines
temblorosos compactos,
tocar esa campanilla de peces que luego es panal y menstruo,
pavo real que se descompone en la azotea,
con permiso de la máquina
el río en la ira de su cintura cobra su mejor espesor y
consume su abanico entre trompas y tilapias.

En ella el naufragio,
la visita de un pliegue en el tiempo de la fiesta,
el espejo donde el gozo y el ardor repujan los cuerpos.

---

* 17 de octubre de 1995, 14 de septiembre de 1996, 6 de diciembre de 1997, 12 de enero de 2007, 20 de junio de 2010, 20 de febrero de 2013 y 19 de diciembre de 2014, Río Piedras y Silver Spring.

Ochún en la tierra II

Mis dioses no son el afuera del paisaje
donde un pájaro se aleja de la ola,
sino esta pareja que bajo el sol esplendente
figuran una sombría cadena de besos,
quieren río y maquinita,
augurio gago entonces la liana que no serán sus cuerpos,
procesión de pavos, gallos y cotorras bajo sus mejillas
olerse como una forma de apuntar hacia el vaivén de las palmas
eso son y sus sexos.

Mis dioses no son estampa,
ni bizcochuelo de artesanías ni tarjas municipales,
un vacío a su alrededor los enjambra de penetraciones,
no hay rodaje en las cuencas
ni zumbidos en las carreteras.

Mis dioses un sol negro a cuestas
secretando su bahía derramada,
manchas sobre la piel
un rayo de escamas bajo los vellos,
párpado extinguido del ojo de la contentura,
brillo que se ausentas en la camisa despedido,
leche seca
esperanzada en su espesor

---

* 11 y 12 de mayo y 6 de diciembre de 1997, 12 de julio de 2002, 12 de enero de 2007 y 20 de febrero de 2013, Río Piedras y Silver Spring.

eso son,
mis dioses un reptil húmedo bajo el vientre,
mis dioses entre el pálpito y el hinchamiento guarnecidos.

Combustible

Se ha ido la luz,
su fuga inaugura el ruido en las calles inmediatas,
a la distancia los automovilistas intentan lo inconcebible,
que un escándalo les desanude la detención,
no parecen botellas ni empaques en el mercado.

Me balanceo en la hamaca de mi balcón,
el balcón tiene barrotes,
me he fijado en una gasolinera –la mirada cierra con llave–
concentrado en ella soy mónada pero no estoy allí,
en el balcón los barrotes me acompañan al son de la hamaca.

Pendulamos entonces,
si dejo de mirar la estación
los barrotes se detienen y no quiero,
deseo que Oggún muestre su primera pasión por las algas,
que los barrotes tengan la forma del horizonte.

Ahora parecen que serruchan
que proceden los barrotes en el silencio,
sin luz son columpios en el vacío
como el tiempo.

---

* 7 de diciembre de 1995, 17 de julio de 1996, Río Piedras, 22 de enero de 2012 y 19 de diciembre de 2014, Silver Spring.

Insomnio

Esta noche mi cuello es una columna y
la noche se ha llenado de pájaros turbados,
detonaciones,
demasiada luz y manecillas la transitan,
esta noche mi cuello es una columna
—quisiera yo un delfín—.

Columna rota y serpentinas,
nada sostiene la columna,
nada sobre ella se erige,
su rotura es su origen,
colas escamadas son mis párpados,
tal vez deba cambiar de almohada.

El dolor persiste volviendo mis ojos el nido de una tortuga,
ni leo ni me masturbo,
la columna debiera derretirse,
tal vez deba cambiar de almohada.

---

* 3 de marzo de 1995 y 19 de julio de 1996. Río Piedras.

Superficie uno

Me fascinan sus ojos maquillados por la sombra,
smoking eyes que me obligan a contemplar el barril de la pistola
que recién disparara sobre su rostro.

Tiznado en mi deseo yo sin lumbre.

---
* 15 de octubre de 1995, Río Piedras.

Tarifa doble

Un gato se desfigura sin sorpresas sobre la hoja de mar
cuando un velero remeda en sus bigotes el buque
que lo olvidara en la bahía de San Juan.

Los colores nunca fueron su devenir
sino las barras y las ondulaciones de ese petróleo
que maridado con un molusco serpea bajo la luz.

Me aburro en vez de… –quizás– mi doble se acoquina
mientras escucho dos transeúntes olvidando sus penurias
al consumir la miseria de un periódico que también deshace
sus bisagras en esta guagua improcedente.

---

[*] 29 de abril de 1998, Río Piedras, 26 de febrero de 2007 y 19 de diciembre de 2014, Silver Spring.

Un día claro: superficie dos

La luz de este día es inevitable y
nada desubicada ante la geografía de la Isla,
la geografía no es su relación,
nada tiene que ver en sus accidentes y autopistas,
nada entre ellos,
nada le sirve a la luz,
no se relaciona con los matices que llevamos en la piel,
los lunares sus desechos,
esta luz hace de la hoja un espejo sin escrúpulos
irresponsable que no revela ningún cuerpo
ningún vidrio,
luz inacabada y golosa
donde la hoja decide cegarse enervada avanzando hacia la luz.

Descortés con el árbol lo niega traicionera,
la luz
muchacha sucia que abruma el tejido de los muebles.

Olorun observa al espuelado, silencioso.

---

* 13 de septiembre de 1995, 19 de julio de 1996, 6 de diciembre de 1997 y 21 de junio de 2010, Río Piedras y Silver Spring.

Del diario de Olokun: superficie tres

Este cuerpo que hoy recibo
se despliega en rotación,
como el pulpo que desciende hacia el coral que lo imanta,
        anémona sonriente
que de cuando en vez
en su descenso de mantel
un tentáculo adhiere a las mandíbulas que lo desgajan,
de cuando en vez estrella fulminada por su transparencia,
este cuerpo quisiera sobrevivirse y
un chorro de tinta le exprime su luz
        nébula que se recibe,
        ofrenda expresada.

---

* 5 de octubre de 1995 y 12 de julio de 1996, Río Piedras, 19 de diciembre de 2014, Silver Spring.

El mensaje en la botella

En las bodas de mi hermana

Breve la hoja que el cristal transparenta
disolviéndola bajo la ola,
si la memoria fuese la mar y
la botella el olvido,
¿dónde encontrar la isla de los amorosos?

---
* 5 de junio de 1994, Río Piedras.

Fiesta del olvido

La memoria pequeño imán
roto
corroído por las arenas que lo sepultan,
erizado de metales bajo la mar.

En el fondo el dios Olokun sonríe,
atado allí es otra,
son siete sus cadenas de plata.

---
* 22 de septiembre de 1995 y 24 de marzo de 1999, Río Piedras y Providence.

Abandono de la penitencia

Magdalena desciende de la loma verde,
el Yunque enmarca su cabellera deleitosa de azucenas y
cotorras extinguibles,
la autopista apenas insinuada levanta las faldas y las axilas
de miles de mujeres de naranjas de maravilla,
mangoitos de la resurrección,
Ochún le recibe su rojizo ungüento
abanicándola sumergiéndola en el oro de marejadas que es su cuerpo,
sus manos han surcado la impostura del río,
son manos fuertes las que urden su cuello,
tejedoras pueden ser.

A las orillas del Nilo el dios del trueno come carnero.

---

* 15 y 17 de noviembre de 1995, Río Piedras y 19 de diciembre de 2014.

Visión en la guagua, casi

Los días habrán de sucederse en el paralelo de su obviedad,
los ruidos, las turbas, los sudores, los nombramientos
las banderas que parecieron importantes abrirán su ventorrillo,
desplegarán en los museos a los convencidos o a los ganadores.

Quien saludara al patriota,
quien celebrara siempre su predecible anacronía,
quien olvidara emocionado su eventual imagen de administrador,
quien cobijara en silencio sus amuletos para el poderoso,
mañana será buñuelo de arena y larvas,
orín en el remolino de la nada.

Quedará apenas el desprendimiento y la sucesión,
el islote o la corrosión cual raspadura en el ciento,
la realeza de la labia en sus flujos,
mantaraya que aletea sobre la orilla esplendorosa
antes de morir.

El islote seguirá ahí
como la cáscara de una llaga
aprendiendo del paisaje su extraordinario ñéñéñé,
quedará lo que el ruido deshace,
tal vez.

---

[*] 29 de junio y 8 de agosto de 2001, 30 de mayo de 2003, 14 de enero de 2008 y 19 de diciembre de 2014, Santurce y Silver Spring.

Parpadeo blanco

La oscuridad resucita en un abrir y cerrar de ojos.
El ciego que la habita
parece cosido a sus párpados,
en la espera de lo peor
la tenebrosa, el ciego no,
en verdad, parece sonreír,
quizás respira su ebriedad.
Como señal en el camino,
su boca prefigura el ahogo.

---

* 6 de abril y 16 de noviembre de 2004, Silver Spring.

Parpadeo negro

La luz en la oscuridad
es la oscuridad de la luz.

---
* 24 de diciembre de 2005, Silver Spring.

Litoral acústico

¿Escuchas la música plena del sol,
el rugido sordo de las incineraciones,
la caída de los ojos,
la caída de las ciudades ante los tanques de la nada-fulguración?

¿Se te ocurre algo?
¿Te parece importante su origen?

La luna es un címbalo de arena
dejado en la oscuridad por la oscuridad
para que la luz la retire a la oscuridad.

¿Escuchas el rumor de molusco de ese sol submarino?
¿Se parece al aire?
¿Cuál es el sabor de la palabra: vegetación?

La mar es el caldo que preparan las sirenas,
El humor que despiden sus orificios.
Cantan las desesperadas, las hambrientas,
su cantar es una movida de emergencia
de último minuto,
la mar es el escenario de una guerra intransigente.

¿Escuchas la música-páramo del sol?
¿Alguien baila junto a ti?

---
* 13-14 de junio de 2007, 21 de noviembre de 203 y 30 de marzo de 2014, Silver Spring.

¿Te invitan a bailar?
¿Escuchas el aliento de su fuelle
junto a tu boca?

¿Escuchas la música extraordinaria del sol?

Arena en los ojos: culinaria

> si tu axila –flor de sombra–
> no difundiera en las plazas
> el rugiente cebollín
> que sofríen tus entrañas.
>
> Luis Palés Matos, «Ten con ten»

Duplicidad del jardín: salida del marisco

a Rubén Ríos Ávila

Anterior al saludo de los comensales,
previo a la disposición de la mesa,
bajo el palmar la deidad deambula.

En aquella luz se le aprecian una espada y un manojillo
de tamboriles y cítaras,
su cuerpo parpadeante confundiría a una mariposa o
al radar de Arecibo,
sin embargo, pequeño es su machete, todavía
garabato o perla que la jirafa rumiara en la bahía
—extinguido animal—
ramillete es: dos colores y una estación ululante.

Allí surge el esplendor de la rosa de los vientos y
en las islas el cabalgar jorobado de las sombras o
estas imágenes que me acosan
como un acuario murmurante hospitalario.

En sus axilas el guerrero cobija miles de niños,
cobitos y calamares infantes son pero adheridos inventan la saliva,
el guerrero en su momento los depositará al pie de la palma,
luego de su primera pulsión quizás se caguen,
pero los niños abrirán la cajilla:

---

* 30 de enero y 8 de mayo de 1997, 12 de julio de 2002, 12 de enero de 2007
  y 19 de diciembre de 2014, Río Piedras y Silver Spring.

cazuela calabaza y almendras trenzadas serán por la abeja
fulminados en su imán el palmar y el jardín amurallado quedarán.

Cero distancia que desorganizaba el tiempo
entre los senderos, claveles y gladiolas,
la rosa y la palma se tornan presurosas camaleón, cometa, cangrejo o
boronía que en los días de la gula cae del labio de Changó.

Bajo la melaza,
la luz de estos lares
hace nacer largas cuencas sucesivas,
cercenada la luz y el recuerdo por la voz
como la mantaraya de Olokun dispone la profundidad del Océano,
se abrillanta el bochinche y
la deidad deviene piedra, puente, circuito, despedida,
su lengua languidece vigilante en los cruces,
su lengua sed y menta entre carcajadas.

Retrato del autor adobando codornices

Hasta las muñecas como guantes
el aceite endiablado ya en su ajo
reparte pedazos de orégano, sales y pequeños vinos
cobijados en burbujas,
la receta había sido el sedimento de un mortero
que reposa ahora en el fregadero		ciego,
inútil anotar para el futuro los detalles y el procedimiento.

Aturdido en su detención el autor desvela el ave
esparce sus patas y
le confía al arroz su gandul,
a la cloaca maceta nudosa.

Mientras
sereno
penetra una resurrección posible
donde naufragaran las entrañas de la codorniz,
el vacío de la muerte sostiene allí una instalación,
bulto granulado que quisiera nueva vida regalada
máquina blanda expansiva.

El ojo descubre en las manos al nuevo embalsamador
que no diseca membranas o las abrillanta,
su pirámide se refugia entre los pliegues,

---
* 1 de enero de 1999, 12 de enero de 2007 y 11 de diciembre de 2014, Providence, Rhode Island y Silver Spring.

el autor los abre para sustituirlos con las de esta resina
que quisiera detener la presa en su transformación,
el adobo o la derretida botella que supura la posibilidad
de reconstituir un piélago para la evaporación de lo orgánico.

Entre sus labios
sobre la lengua
se detiene el sabor crudo y
se avispan los nervios,
ahora gira hacia la alacena
en búsqueda de las carencias que son las especies,
caen los frascos, los envases y la muselina,
es inevitable la ansiedad de una lujuria convidada por el reloj,
una cuchara tachona los inocentes decapitados,
el fuego es un fantasma
que escribe su propiedad en la condensación de las ventanas.
La cocina parece desocuparse mientras la bombilla no pestañea.

Morcillas, granos, ajíes o idolillos

La dentadura de Oggún liquida la explosión y la mirada del marfil,
el elefante eleto en el festín familiar,
ten con ten de la jauría que en la avenida desangrara a la bestia,
palangana avellanada es
de habas saturada y gandules cosecho.

La muerte viaja en la forma de los idolillos cocineros,
serpentina sus extremidades.
El vientre excavado muestra un colibrí hirviente,
las entrañas su hedor cedían y sus mierdas oscurecían,
naranjitos en los dedos del músico
otro aroma.

La sangre entonces coagula
ya resina,
vulnerada en su capilla
capsulada menta denigrada,
¡arremete la vasija!
la vida cocida una victoria remeda,
la jauría enciende lámparas, máquinas y orquestas,
la fiesta es el cuerpo bajo el viento de la palma real o
bajo las luces de la cocina
el tembleque es un aljibe,
el banquete es un acuario donde la bestia se asa

---

* 16 de diciembre de 1996, 17 y 30 de mayo de 2003, 12 de enero de 2007, 20 de febrero de 2013 y 15 de diciembre de 2014, Río Piedras y Silver Spring.

en la conversación de los invitados,
sancocho hoy posible larva después para la siesta,
don de meros capitanes colirrubias
mascotas del parguito,
doncellas ahogadas parecen las cocolías
los mejillones no piensan que son obscenos.

Derrumbadas las entendederas
se aprecian las ruinas submarinas
entre los aposentos de la fortaleza
extienden justo su labia los invitados,
la jauría cede el primer bocado a los guerreros.
El pueblo celebra.
La familia carcomida.

La cena del metal

Me he dado cuenta que comes
                              cuchillo,
compartes el pan en el trueque de las monedas,
has suscrito un pacto con el alimento
                    con mi carne,
                              deshilachas en la fuerza te dilatas,
lo tuyo no son los despojos sobre la mesa,
lo tuyo reside en el silencio de un estómago que pierde su azor en
                                        / lo invisible,
deshaces tus espaldas y tus dientes continuamente sin afán de ver
                                        / en ti otra boca,
            no eres el escualo eres la hilera de sus escamas
donde sólo descansaría el caimán del sueño
                                        la moneda,
eres el cuerpo donde espejea el pecho de Oggún,
en tu herrumbre se escucha la cruz del martirio.

En tu desinterés para el corte
                    terminado el banquete,
                              días del polvo
                                        reposas,
olvidas el centelleo de las situaciones de la devoración,
te estacionas como una concha expulsada por su molusco

---

* 6 de noviembre de 1994, 10 de noviembre de 1996, 8 de diciembre de 2000, de junio de 2003, 27 de enero de 2007, 20 de febrero de 2013 y 19 de diciembre de 2014, Río Piedras, Miramar y Silver Spring.

                bajo el oleaje,
                        eres entonces espejo del devorado,
todavía boto inyectas
                tu arenilla a los amorosos y a los mortecinos,
el residuo a la rueda,
la explosión que no evitas segregas,
                punzón accidentado eres en la niña,
ni la sonrisa que el hambre deja sobre las partículas,
ni mis labios ni su lengua
ni el detergente ante tu silabario pueden.

Nada ha podido detener tu digestión
                en el mercado motor eres de la nada,
la música de los trastes es la guarida de tu nave,
                la catarata doméstica: la pluma
                              el chorro del grifo
        sumergido en el fregadero
tus ojos imposibles insisten sobre el trozo que nadie quiso,
                    agazapado implacable bajo el flujo
        dispuesto
               como el horizonte.

Sahumerios al aguacate

A Eddie S. Ortiz

Cremallera el cielo que lo lubrica
deseando en su criadilla ostentarlo,
ciego dios que balancea su hacha
meditando su tirada invisible hacia el fruto.

Pero en jardines del divino
Aéreo y nebuloso
propenso como el merengue al ñame,
el arroz con leche a los afeites del coco
bajo su cascarilla lento su cáliz de cogollos,
la habichuela blanca que le abre sus labios –la muy puta–,
esplendente por cimero su guindar opaco,
su saludo de incienso ruboriza el sexo de los insectos,
ejerce la similitud en los bordes
falsamente allí humedece
frontera dilatoria antes del ungimiento.

¿Dónde pitonisa o sacerdote,
dónde bailarina o sonero,
dónde remedabas esa raíz falsa
que dejó al árbol como simulación?
Sólo nos queda recuperar el número que repliegas y

---

* 21 de octubre de 1994, 18 de diciembre de 2000, 30 de mayo de 2006, 27 de enero de 2007, 17 de junio de 2008, 20 de junio de 2010 y 19 de diciembre de 2014, Río Piedras, Miramar y Silver Spring.

separar con los dedos,
bajo el aire,
las glándulas que te recuerdan.

Exacto saber no ha sido este deseo,
pero ¿cómo evitar que tras el viaje llegues maduro y
no repartirte entre las casas?
¡Oh, mañoso!
encontrarte airado después no quiero en el ojuelo,
ventoso dragón de pólvora,
garabato ante caballo inquietante,
verdoso sí e itinerante
siempre aunque distante
eres el que regresa reclamando su dotación.

La esfera en celo

La onda me cubre,
me ensarta,
me lastima,
como marea
ya me retira su licor.

Es una onda lastimera
que surte herida, llaga y encono
con cada abrazo,
parece que me pierdo arrastrado por ella
intentando saber que quedará de mi luego de los abrazos
de los besos agitados
de tu sabor entre naranjas
¿acaso clavos especies
cosas resinosas?
ojalá las hebras que esponjaban mis dedos y
mi lengua entre tus piernas.

Tal vez ahí se encuentre el problema,
en el deseo por las habitaciones,
¿qué tiene mi cuerpo de memorable,
para que a fin de cuentas
el tuyo
lo levante como un pez espada y lo vuelva a sumergir
en la mar negra?

---

* 23 de febrero y 11 de julio de 1996, 17 de mayo de 2003, 19 de diciembre de 2014 y 9 de enero de 2015, Río Piedras y Silver Spring.

La onda ahora es elástica
como de goma,
sigue triste pero se encojona,
menciono todo este anhelo
sabiéndolo cabrito fantasmal,
perdidísimo trozo soy
extendido don de la muerte,
eclipse menor
trashumante
casi caimán.

Vencido en mi pena,
cometa de pliegues,
la onda me cubre
me encadena al fondo
me cura
como una pierna de cochino,
me cura
como la marea.

69

Para el miope la perspectiva muere como turbulencia entre esponjas,
El ojo es una ostra que se alimenta
filtrando las aguas.

De cerca se ve tan bien que se excusa donosa la nitidez,
entonces el olfato
palpa la respiración del otro cuerpo,
submarino
expropia al ojo,
untes ordena,
sustituye las pestañas,
el ahogo respira entre la saliva
le construye otro ojo
que homenajea al expropiado.

Tantea del manglar su cablería,
de la multitud su lejanía,
gotease luego la algarabía
no puede de rotos,
queda ahí

Doblada cavidad,
su espalda es un saludo hermoso
el salto

---

* 19 de abril de 1991, 28 de octubre de 1994, 16 de mayo de 2003 y 9 de enero de 2015, New Haven, Río Piedras y Silver Spring.

el sobresalto
el recogimiento.

El cuerpo del milagro

De su cuerpo deseo lo que nunca podré ver,
adoro el parpadeo negro de su carne,
que me devuelva la mirada
donde el ardor pide perdón al fuego,
deseo lo que como fuete
me atrapa a su voluntad
a la mía que sabe que es imagen,
deseo
cual cabuya atenazarme las patas
cual cangrejo
—ya no escapo—
un labio deslizó sobre mi ojo,
deseo
todo este paisaje pringoso.

Siempre mi amor será para el secreto
de sus piernas confundidas con las mías,
entre las sábanas
los cambios de tierra,
nuestros viajes,
la miopía es una lengua lujuriosa
la ceguera que ya se viene.

Sólo levanté las bocas en amenaza

---

* 7 y 10 de octubre de 2003, 27 de febrero de 2007 y 24 de marzo de 2014, Silver Spring.

como un juey
que en la distancia saborea.

Lo que amo de su cuerpo apenas estuvo aquí,
lo que seguiré amando en su desaparición y la mía
su inmediatez imposible,
su inmediatez eterna,
su inmediatez desvanecida,
el sol muerto de sus temblores,
la obscenidad de todo ojo
en ese recinto.

Como un grano que se hincha de jugos
ahogada semilla en el cocido,
la luna y la nada arrimados
el cobijo de la saliva,
deseo.

En su cuerpo siempre quise dejarme caer
en el futuro que no veré y
en el que ya voy de paso:
el ardor tremendo cuando promete el sosiego.

Paisajes del culo

Acomodado
(si es que esta palabra cabe donde deposito el ojo)
imagino que este día esplendente lo inaugura un sol de cobalto,
un cangrejo eléctrico serpea disfrazado de amigo por la ciudad,
sus secreciones como verbos quisieran detener
el desplazamiento que me dicta el orificio
mientras contemplo a mis vecinos montarse en sus vehículos.

Retener quisiera hoy ante esta playa mi peor olor,
utópico sumergir la cabeza en el vientre sonreído de Ochún,
rogar en sus labios
nunca ser uno con ellos,
se trata de una batalla entre huracanes o arañitas ñoñas,
el cangrejo parece ahora dragón de espuma
invisible.

Qué puedo hacer si desde esta ventana hoy el tedio me nombra,
una nube gorda, peluda, de celulitis llena se aproxima,
es hermosa y
deslizo apremiado mi boca interna hacia la oruga
que una vez viera mi cola y
entre sales, lerenes y sedimentos agrupo una pepilla.

---

* 10, 11, 18 de marzo, 6 de diciembre de 1997, 4 de enero de 2001, 2 de enero de 2006, 26 de junio de 2010 y 14 de marzo de 2014, Río Piedras-Miramar y Silver Spring.

Aceite y pasta
langosta o diamante informe
luna cortada como un queso
que el limón de mis muslos exprimiera,
enclavado como en un cojín
me rehacen
abrazados los tres ojos del amor,
digo,
a menos que esta procesión viaje por el ojo de la cerradura.

Posteriores, postres

La revelación esparcida,
como en el agua fresca de una tinaja
el estallido de un puñado de avena,
el gozo emerge acabado en sí mismo
fijo por un instante,
como el olvido.

Como la cabeza de una tortuga que rasura el sol de la laguna,
el misterio medita incluido en ti,
como la carne,
como los dedos,
el meneo
la soledad.

---

* 30 de enero, 15 de septiembre de 1996, 19 de marzo de 1997, 28 de diciembre de 2000, 5 de noviembre de 2007, 8 de julio de 2010 y 6 de enero de 2014, Río Piedras, Miramar y Silver Spring.

De la infancia

> *A los amigos de la urbanización Park Gardens en Río Piedras.*

Con la ropa mal puesta y escabroso
un niño
su membrana o la humedad
indistintos.
El caracol no desdice su soledad,
como en una pantalla
desde un pasillo de lunas y motas
el niño deja caer su vértebra
como si se despojara de su ropa.

Del puente al túnel
la compuerta gris del sueño aparecería,
pero zumbido blando nunca sanano es,
señoras y señores la indecencia no se escribe en los cristales.

Un aprendiz junto a su perro,
bostezan
desde la distancia no se sabe quién es quién,
quizás el otro crea que en la andanza
perfecto y tejido presienta la rica lluvia que se avecina,
quién en lo seco se toca
el vaivén,

---

* 2 de abril de 1992, 11 de enero de 1993, 9 y 16 de mayo de 2003, 25 de junio de 2010 y 22 de junio de 2012, Río Piedras y Silver Spring.

el hastío se apodera de sus lomos,
simple y llano es el silencio,
nada absolutamente nada queda por hacer,
nadie los recoge a tiempo después de la Escuela,
nadie les devuelve las bicicletas robadas,
nada se escucha en aquellos días de urbanización.

El aprendiz vive cerca del héroe,
pelotero sagrado sin ciudad lacustre
urbanizado también,
Roberto Clemente con el número 21 como emblema,
la Avenida 65 de Infantería flamea su anillo de ruido y
en Nicaragua un deseo irá cosido a una bahía negra,
entre tiburones, bromas y artículos de primera necesidad se hunde
el mejor guardabosques del Caribe.

En las exequias el aprendiz regalo lleva
pero no lo ofrece,
pues de algarrobas y semillas es su colecta,
ante el mar sin embargo coloca el botín,
lejos del hogar fructifica su jadeo,
en el redondel del infierno la memoria se apresura
los cuerpos yacen de por medio y
el niño parece regresar a la madre
entre construcciones, casas y calles a medio hacer,
polvareda terrible la que lo aguijoneara,
desapegado para siempre del mejor promedio en las Grandes Ligas,
imbatible su olvido,
también en la cantaleta del sol la bicicleta ladra su pena
el niño cuelga una pequeña bandera en su bici,
remeda joropo y pregunta:
¿quién pudiera ser apenas el rocío sobre estas casas recién habitadas?

Reyerta entonces
la red y los peces en la quebrada,
novilla y rumor en la estepa del árbol
por poco me agarra esa cabrona,
el vecindario que no los sorprende aún,
el campo tan próximo a esta Avenida,
ante la bestia que los embiste huyen los cazadores
–paréntesis vacacional–,
el sudor ante el estanque del héroe.
El niño llena su acuario con peces robados.

El aprendiz en cuclillas
ahora guarecido,
inmovilizando la changa, el lagarto y la hormiga que por allí pasan,
sudado en retos ensortijado
por el juego y la sal de la entrepierna,
detenido antes del fin,
la lluvia suspendiendo el partido,
ante la tortura y lo intransitable de ese culo
el zarpazo –otra voluntad,
oh retortijón infantil,
oh venganza de la lluvia,
no voy no voy aquí me quedo
la rosa turbia de estos lugares lo sujeta,
no voy por fin– aguanta coño.

François
muestra su lápiz labial y sin chanza
teje una alfombra en su lengua
desde ella ambos alaban al dios de la lluvia.

Sabia la muerte que arde sin burbujeos,
tranquila su espora de esperas y cabrioleos,
querube la hendidura
fina
purpurina
resbalosa urdimbre para el mozuelo
que no sabe por qué o por dónde tal gozo,
felina la pose,
cangreja su disposición,
en la maqueta del Estado Libre Asociado de Puerto Rico
la mascadura,
ella muerde y nadie los siente (Marvin ha dicho),
concreto caserón que lo cobija,
lento el rugido
marfil oleoso,
de ida serena
ya frotada ceremonia
donde dice anónimo escríbase can.

La paz es una cicatriz regalada por la lengua del perro,
el aprendiz leerá los libros
guarnecido por el naranja de los sábados,
asomado a las ventanas
a los ombligos a los bollos a los rotos
a los pezones del vecindario,
entre bestias
los insectos le guardan la mirada,
pedrería pone en sus rodillas el silencio,
asentamiento original ahora una
cagada.

Cascado el sudor no debe criolla,
François sacia su hambre,
el niño observa sus pantalones
en campanas hilados sobre sus tobillos,
tabaquitos circundan sus pies.

Por última vez,
de cuclillas con su perro de aguas,
liviano el uno maloliente el otro,
ansiosos ahora por llegar a casa,
atentos apenas ante la pirámide
que supura,
perrillo lamiéndole la avellanilla.

Olvidan algo entre las moscas que lo adivinan,
dejan algo para el olvido,
algo dejan para los nuevos huéspedes,
acompasada creatura muerta,
niño ahora lívido,
se cierra ya el pliegue,
el duende quieto regresa a la cicatriz,
sus ojos vuelven sobre la pantalla,
la hendidura ha cedido y
aunque rojizo
ya no sanano,
el aprendiz o sus dedos húmedos,
ni enhiesto ni puente tampoco el sueño aunque pareciera
laguna, montículo y quebrada,
lo que fuera.

La gallinita ciega

Ven gallinita ven,
aquí está tu semilla,
tu pan con leche,
tu lagartijo muerto,
el mineral en el alba
ven gallinita ven.

Ven gallinita ven
procedía la voz
con aquel ruido,
con aquel griego apiñado de consonantes,
saltarina entre lebreles,
garganta que cacareaba,
la forma del eco entre sus membranas.

Pollona que aparece veloz señorial,
su ojo dialoga
la anuncia entre la bandada,
una pequeña espuela como una tetilla entre sus escamas le brilla,
regentea aquel patio de soledades,
es palometa recrecida o
de alta cola Dueña de la ansiedad.

---

* 3 de noviembre de 1992 y 30 de enero de 1993, 15 de mayo de 2003, 29 de octubre de 2007, 25 de junio de 2010 y 22 de enero de 2012, Río Piedras y Silver Spring.

Ven gallinita ven
que hoy es domingo,
la tele se ha ido
su ausencia es un ombligo de luz que aún pita en el recuerdo,
es recuerdo de ropa vieja recién hallada en el doblez del ropero.
Ven pollona para castar
boricuita de-a-verdad,
pollona ingobernada
ven que estoy como que ensorrao,
hace calor,
los amigos padecen encierro y
a lo lejos se escucha el programa hípico.

Ven pollona trashumante
sustanciada con los soplos que te dejó algún templo ya arruinado,
desciende veloz,
plata doble en la vértebra de su pluma
pinta el mapa de las lomas
la señal de fuga para mis hermanos.

Ven gallinita ven
paralelo del terruño,
corozo de viento y escama,
creatura de aposentos,
picoteante aburrida.

Ven gallinita ven,
se oye una voz que repite agúzate,
ven pollona para castar
que te estoy velando,
pollona decía mi padre,

pollonas mis compañeras de escuela,
pollonas mis parejas de baile sudadas bajo la música,
pollonas y mis temblores amanecidos
pollonas al teléfono decía.

La pollona saludable
rubia cuadrada entre las demás aves,
visible e invisible contempla la isla,
sobre columnas milenarias reposa su cántaro ciego,
cresta que recién arquea junto a su negra cola
supone que el gallo la pretenda,
escarba sobre el mármol,
ambos mantienen su distancia.

Ven gallinita ven
todos duermen la siesta,
la tele sigue hablándole a su interior misterioso y
yo ni jí ante el aire detenido,
las paredes insufribles,
las losetas insufribles,
acércate que aquí está tu comida,
no le temas al tamaño de mi lengua,
no le temas a esta imposible semejanza.

Abre tu ala y enséñame semejante abanico,
niégame el miedo,
ponle una venda,
planetario de feudos acabados
pon colores en mi pecho,
¡qué seda la que se vierte en tu golilla!
¡qué diminuto el carey que vigila tu boca!

Ven gallinita cae sobre mí,
empóllame cual miaja,
hazme diamantes blandos,
deja que espose el tronco de tus alas,
que nos confundan con el paisaje,
¡qué caliente el dedo en la bóveda que hoy nada prodigará!
Ven
quiero sentir la bóveda giratoria de tu cloaca,
madre de duendes no surte aún su cascarón,
ven para saber desde cuál ponzoña murmura la especie.

Quieta deja que me vuelva en ti
recibe a este adolescente percudido
que pronto habrá de irse de todo esto,
deja que te lo meta sin ritmo ni torpeza,
así rojiza canta coral mi casi inmovilidad
ven gallinita ven a mi latido bajo las uñas,
ven a la silla del oráculo,
ven a deshacer la ceguera,
ven a romperme la urna
el calabacín.

Ven gallinita ven,
aquí está tu semilla,
tu pan con leche,
tu lagartijo muerto,
el mineral que mañana es aceite,
ven gallinita ven.

Pájaros

El silencio de diciembre trasluce mejor las ventanas,
nada se mueve
todo se escucha
nada en la arena
nunca es la lengua
la sequía del gris.

Los pájaros súbitos
estropean los sellos del oído.
Un sello de cera
es un cerrojo de aire.
Un sello sin matasellos.
Se arremolinan las hojas invisibles.

Los pájaros dicen: «nuestra sonrisa no tiene labios».
Las hojas tampoco pero el avión observa.
No dejan de conversar.

¶

El niño apunta con el rifle prestado.
El chango al pie de la palma hormiguea.
El niño dispara.
El chango inventa el péndulo del negro y el amarillo

---

* 20 de diciembre de 2011, 21 de junio de 2012, 2 de agosto de 2013 y 9 de enero de 2015, College Park y Silver Spring.

alucina,
a luz y a la una y a las dos y a las tres,
chola desierta
por dónde cojo,
no se puede mover
mientras el pájaro cae entre gritos:
una corneta china se le clava al niño cual bocina,
centenares de changos responden
sobrevuelan sobre el mismo alarido,
descienden
me tienen acorralado –piensa–,
hacia dónde escapar en el Balneario de Boquerón,
una de esas palmas por un manglar
el niño trinca las nalgas y
desea ser invisible.

En oleadas expira el pájaro
apagándose como un globo que pierde el aire
entre latidos muy lentos,
todos los changos han cantado su canción de muerte.

El niño ni llora ni corre,
una gota de sudor
diente con diente
uña con uña
lo congela para siempre,
la bandada se levanta,
puede ahora correr,
conoce el nunca jamás de las cosas.

La delación del espejo

Oh, qué sorpresa la que luego de tantos años y equivocaciones
me regala tu firma en este recinto,
las letras de tu nombre surgen reproducidas en un viejo marcador
de libros,
pruebo con mi lengua su grafito.

Y yo que solito hago lo del náufrago ante la ola,
con mis nutrientes y despojos insomne
grabándole glúglús a la muerte con mi tercer ojo,
lejos del dujo súbito ver
tu sexo accidentado en esta página.

Mientras hago mi depósito nocturno
vislumbro el horror desde tu olvido,
querencia loca la de este nombre que con su lápiz me trajo el mar,
nombre que se arquea como las páginas de este poeta volcánico
que nada conmueve ya con sus disparos de sabanas y picachos,
¿qué hago leyendo a este aparato?
precisamente sentado
con la avellana aceitada
mucho me esfuerzo en releerlo y para qué,
ante la breve agua que recorre mis piernas,
sorpresa es saber la contentura de este beso
mientras posado en el inodoro cago

---

* 15 de abril de 1991, 30 de enero de 1993, 15 de mayo de 2003, 26 de junio de 2010 y 29 de marzo de 2014, New Haven, Río Piedras y Silver Spring.

sutil
quedo
como una escena entre la emboscada y el jolgorio
redoma y efectividad.

Insigne el remolino traga lo suyo,
De los adioses dicen el envío de la poesía,
pero estas letras las apiñan los recuerdos
cual racimo y
en estas circunstancias confirma su lejanía.

El regalo de aquella librería
de Nueva Inglaterra reconoce su verdadero cerco,
endoso tu nombre con un beso,
extraño tu mano en mí y no
quedará una foto que repita esta certeza coincidida
por el rayo y su chasquido,
flash nocturno
providencial
sudoroso.

Algo no se cuela por la ventana,
sorpresa la de tu nombre entre los ruidos nocturnos del invierno.

Robinson Crusoe enciende una pipa: arrebato

Sin esta hierba no podría soportar otro atardecer.
Una maldita costumbre me llevaría a relatar lo sucedido,
a soltar la prenda con su melaza
pues de todas maneras rosas el sol está por llegar,
medio morón como siempre llegará con sus piruetas
cuadritos y volantines,
Iracundo,
llegará Claro, claro, Claro,
como todo lo que le rodea,
a dedicarme dizque otro día,
como si me hiciera un favor
jódio-cíclope.

La última noche
sudorosa lo estruja contra el seto,
se adueña de la voluntad que le fuera dada y
le amarrará recio a su corriente,
un golpe de agua rompía cerca y
en la cabeza crecía lenta
la levedad del helecho,
jugaban a la sombra los seres de la memoria y
los hechos descubrían las cuencas de un dios pluvial
que glorioso secó su cuerpo en la contemplación de su cauce.
La noche soy yo, dice, mientras intenta no toser.

---

* 17 de junio de 1992, 30 de enero de 1993, y 29 de mayo de 2003, 4 de enero de 2006, 30 de octubre de 2007, 16 de junio de 2008, 26 de junio de 2010, 22 de enero de 2012 y 29 de marzo de 2014, Río Piedras y Silver Spring.

Infiel hasta la pesadilla,
hasta la argolla de las cicatrices,
don bravo que pasea su grafía,
infiel hasta la tachadura geográfica este descubrimiento
mientras dejo caer la arena entre mis dedos,
así para abajo,
santuario marino esta ínsula
que me confunde con su contrabando de nada,
ahora el ruido que nunca fue.

Contra la corriente nunca los míos han llegado
contra la corriente a veces se esfuerza algún comienzo,
contra la corriente nadie llegará
contra la corriente nada el idiota que no sabe nadar,
el animal que tampoco se entera sabio
desciende por el lado opuesto de la montaña,
la mar o la confusión sin arado comienza,
a mi plín lo que digan los libros,
a mi qué carajo me importan las bitácoras o sus deudos,
sólo el humo y esta playita parpadean como mi corazón,
lo importante deviene salamandra
buruquena, anfibio, molusco canto e cabrón,
desfilar pulpillo cilantrillo azafrán sombra de cubujón.

Negra, infiel he sido hasta el garabato,
enganchado
clavado con el Diablo en medio de esta calle de palmeras,
feliz cual perro con dos rabos
púbico reguero ahogado ramito,
contemplando como la esperma gana su transparencia,
las trinitarias espantadas por su júbilo,

entre savias se extendió una mano
que intentó devolverme a mi lugar.

No existe regreso posible, carajo,
semejante escándalo: (Viernes, echapacá ese coco)
infiel hasta la sinceridad de la piedra,
(Viernes, no seas cabrón, no te rías)
si después de hasta el ñú posar
(Viernes, agarra esa cocolía)
niego decir diría no.

Adiós a la musaraña
a la mirada asombrada,
un rostro ocupado en un cuerpo por llevar algo allí a cabo
diríase también,
fingidor luminoso
no era su rastro,
sucedían escenillas,
íntimas secreciones
poseídas mentiras,
asentado marchante en su lugar conocido,
Robinson o la choza abierta
Robinson o la chola abierta en dos plantas,
cascarones, mejillones dispersos
la marisma es un cuerpo que se baña en su saliva.

Todo esto con otro oído con otra nariz,
como el altiplano desde donde se lanzan los ciegos a convivir,
tú con otro trasunto de persona
señera,
(Viernes, ¿escuchaste al múcaro?)

yo con varita de almendro
uvita playera mampostial,
traspapelo mis sueños
(Viernes, se está riendo)
Diosa, charlatana sirena,
caí de bruces como en las historias,
Usted me golpea el huesito del gusto.
Anormal ¿por qué insistes en hablar de este modo?

Nada
qué se puede decir si yo tampoco entiendo muy bien todo esto,
la espora de la familia volaba y volaba acoplándose,
de espuma atada a una rama la nube de resinas
gotereaba,
sobre un caracol un molusco asomado
agua viva se lo come,
devoran el tronco y un ancla sumergida,
los mejores rotos las mejores succiones,
es una silueta en la arena.

Anoche no fui tuyo
qué te puedo decir que no sea la verdad,
en un gusto que no se me quita
que no se me quitará
rejuntarte oso a mi silencio,
(Viernes, no viene ningún oso,
so mamao).
Anoche se le revolcaron las fisuras al cielo,
a los chaflanes
la ciudad percibe mi aliento,
aunque nadie sabe dónde estoy,

los engranajes las constelaciones,
pierden sus rutas,
acá abajo a las millas
enchufado a estrella mala conde-Nación,
(Viernes, ¿dónde encontraste esta yerba?)
extraña visitante pidiéndome más que más se merecía,
la de palabras sucias que he dicho,
su boca: anguila sonriente comía tilapia,
carrucho ágil
cuya presa parpadea segura sin camuflaje,
sobre un malecón una tortuga ya estaba sorda.
(No Viernes, no puñeta, no tengo hambre.)

Dedicados a la molienda,
con los cuerpos recubría su morada el coral.
Bajo la marea respira
anfibio
resurrectos,
Robinson y Viernes ya no se hablan,
galeón negro no los abandona,
galeón de plata no los rescata,
qué habrá quedado de Robinson por allá,
qué le habrá regalado la isla,
nada le da reposo,
sólo sabe lo que retira el anochecer.

Hoy quiere desayunar sereno
calmo
rojizo como henequén que ha sido,
del sueño el agite se ex-playa y
en el silencio un dragón conocido voltea la costa,

la playa soy yo —ahora sí tengo hambre—
(Viernes, ¿dónde están los lerenes?)

La pipa huele a carne quemada y
el tiburón y el manatí junto al lecho marino aletean,
repite pescadito: *dejé de ser tuyo y mío, tete,*
(Viernes, ¿te gusta la prieta torta sardinera?)
destrozado como yola contra arrecife
descubre la llaga de la oceanía,
Viernes lanza su relicario en lo profundo,
Robinson se zambulle,
Una Diosa lo mira a los ojos.

Lejos de la fe
galeote bobo fue,
se queda sin aire,
gluglú,
se pierde en lo oscuro,
crica,
naufrago
ahogado con su propia lengua,
para siempre olvidado,
con una sonrisa por vientre.

Precipitación: un paisaje

Después de tantas horas de humo
la hierba desorienta su percepción,
no sabe por qué se encuentra allí ni
quién o qué le ha puesto en tal Lugar,
recuerda las palabras de antiguos oficiantes,
historias y relatos sobre el olvido,
las dos cabezas y la expulsión.

¿Qué puede añadir ahora a todo eso?
Perdido en el sabor que le queda pegado al cielo del paladar,
comienza asuntos que rápido olvida.
Sólo la alegría de algunos ojos lo sostiene,
ojos que le miran cuando no sabe quién es.

La muerte nada enseña,
La muerte nada dice sobre ella misma,
La muerte nada
La muerte nadadora
no adereza manuales,
su aula inexistente su casa
in-madriguera cabrona que nadie degüella,
pero la sangre lo sabe ya.

En los pulmones
después de desorientarse,

---

* 15 de julio de 2002, 8 de marzo, 23 de junio de 2003, 22 de enero de 2012
y 9 de enero de 2015, Buenos Aires y Silver Spring.

la noche escapa de la noche,
lo oscuro de lo oscuro,
no sabe nada de esta doble confusión,
se da otra cantazo,
nubecillas patean su caja torácica,
tiembla.

El mejillón viaja con su lengua

Yo podría haber usado mi lengua
para medir la altura de tu paladar junto al mío,
recorrer la sierra congelada del hambre que cubren tus labios,
secarme en tus pómulos
hundidos por la inmersión reciente y
dejarme a la habitual resaca de una fiereza que me digiere,
que me decía: tremebundo,
que ya me ha convencido.

Pero hoy pesa todo lo que se yergue,
contra y sobre ti las cosas erigidas molestan,
además cimbronazo de cascabeles,
presagio del calamar
atizado me incluye
en una grieta de tu cuarto,
ya me abre la fantasía como una almendra,
ya me alumbra una mano en su ruta conocida sin luces,
con huesos me lleva a enterrarla
para que sin ser raíz florezca de ruidos o caimanes.

Lengua extranjera dulce y tensa
siempre mía
sobre la llaga baila
imaginándote con las manos entre las piernas,

---
* 2 de abril de 1992, y 15 de mayo de 2003, 25 de junio de 2010 y 20 de marzo de 2014, Río Piedras y Silver Spring.

real vocerío oh anémona
entre sahumerios se decreta,
real vocerío tu figura en la mía
secreta
desatando oquedades
carcomida.

Haber usado la lengua para hablar
de tus supuestos portentos,
para quizás nombrarte,
inútil estorbo para este gentío hubiera
en la muralla la esponja tal vez ofrecido,
pues anillo hoy el del carrucho y su bahía en mí
¿qué rodillas desojadas pueden quedar?
torpes y colgaditas están ante tu sonrisa,
apenas amado el olfatín
contestaciones he desaprendido
ya mudo nada espesa.

¿Para qué profundizar en este asunto?
mejor estas brazadas entre tus branquias,
mejor allí sedado y tranquilo cual grosella,
mejor así espirituoso y sincero
intercambiando temblores
sepulto sepultado,
mejor sobre mi vientre recostado,
entre reinos y respiraciones
confuso
dichoso,
con tus manos y las mías
sobre tus muslos lamiéndote

angustiado
bellaco
cabeceando.

Los piropos de la concha

1. Dándote la vuelta
anillándote,
fogonazo de maíz en la bahía
merodeándote,
victimario de lumbres
fogonazo de mieles en el puerto
de nuevo,
esperándote.

Arribo
rastreando la ocasión del mar
territorio de repeticiones y certezas, bordeándote
como los navegantes confirmaban la insularidad,
en fin la vuelta
dándote.

Golpeteo de tumbas la sencillez del paisaje,
el acuario instalado en la melaza de los sentidos,
negrona tortolilla sonrosada
resurrecta tú
anillándote yo pero clavado,
y aunque no muerto,
ahí yo, velándote,

---

* 10 de junio de 1992, 30 de enero de 1993, 15, 29 de mayo de 2003, 16 de junio de 2008, 26 de junio de 2010, 29 de marzo y 13 de marzo de 2014 y 9 de enero de 2015, Río Piedras y Silver Spring.

reperpero de iluminaciones sordas
ganas oh catafalco,
chupar tu camada en tierra,
saboreándote.

Ay fulgurillo del atisbo
ambrosía del coral,
peregrino por el Nilo ya no voy,
detenido sin embargo en el Río Grande de Loíza
a la vuelta melindroso
inquietante,
calculando el religue de tus gravitaciones,
sacudiéndote
el moño en la parada,
anegado y maldito
trepidante,
apretada zampoña mi expulsión mejor,
anillaba la esfera alarga su latido,
acechándote.

Cortejo de ave: yo
espuela que da risa: yo
dándote la vuelta
inconfeso, pisoteado yo
chiquitito con el caracol al oído,
degradado e imperfecto
escuchando su fundición derretida,
sin regreso calcáreo,
agitándote
mordido de lunas, ansioso,
embarrao hasta los cojones,

con el fotuto en la mano
reputeándome de ganas,
con el punzón en la olla, reclamándote,
aturdido
y alimentado de rieles,
geografía acosada por la emoción y la soledad,
merodeándote.

2. La vuelta anillada camarote
orondo sin más meridiano que el gusto,
allí carcomido por el ronquido y la glándula,
asentado marchante de mi lugar entre arbustos,
ya cansado pero amigo de la estrella y la almeja,
acechante,
en la urbe chiquitita
uva playera please,
tintorera sin su plante,
bajo la arena
submarino,
como el huracán su caracolillo
ensaliva al sol,
humilde lazo parpadeante,
en la cal tentacular
anillándote.

Como la cuchara que acosa en círculos
al alimento
mis últimos ardores remiendo,
en los inicios del guiso recogiéndome,
suavena vil
ofrecida en el ritual

doblándome
en la esquina
enseñándolo todo
calentándole gran doña mía,
desaparezco ya –en serio–
con el humor de una lámpara
acometido
de medio sosquín,
mi inquietud su fragilidad mirándose en la mía
tintineante.

Cobijado bulto
mar ennegrecido,
sin sentido nado esquivo
abrasándome.

Nocturno en oración

A la hora de dormir,
sólo una cosa consiento,
un dedo en la llaga hundo
otro en lo que presiento.

Casi derrumbe el insomnio,
tiran de mi semblante,
fluir maldad del rocío,
desconozco dios flamante.
Se suceden los señuelos,
ya comienza este combate,
la voces se aligeran
se acomodan
se deshacen:
del sueño del ajo
el ojo ¿qué sabe?
si el dedo en la distancia
a la amada mete yuntas,
pregunta usted o redunda,
olvidando mi canción,
oh maldito maridaje
imperfecta su obstrucción,
¿quién se traga tanta ñema

---

* 7 de septiembre de 1992, 30 de enero de 1993, 15 de mayo de 2003, 26 de noviembre de 2007, 7 de julio de 2010, 22 de enero de 2012, 29 de marzo y 9 de enero de 2015, Río Piedras y Silver Spring.

tanta mierda
socabrón?
¿Tanta Hostia, tanta Labia,
Guarnición?

Esta ausencia de colores fija
su estampita isleña,
en la yesca van las nalgas
bajo ellas la floresta,
un ojo en la savia entonces
otro en la Crica riqueña,
pues si el Cíclope no come,
sus párpados incorridos,
temen lo que habrán de ver,
un dedo en el huevo ruge
otro en el bien fazer.

Digo que caigo muy lento
casi recogido en mí,
sigo en cruz y entre almohadones
ya no sé ni lo que oí,
pues un dedo al alba llevo y
otro a las siete estaciones,
un dedo en la palma meto y
del otro Babalú
despide mis atenciones,
sabia escobilla Mambrú,
de allá me dicen:
echapalantepelú,
pero soy otro o el que goza
deseoso a la salida,

en abrazos una rosa,
un dedo no me convida.

Angustiado ya por verte
de puñales sobre mí,
penetrado sino ido,
un lobo en la estepa surto,
un tanto en islotes gimo,
un dedo en la llaga mido,
otra quiere ventetú
amarrar los cipresillos,
cuidado que es huevo
no abedul.

Pero si el sudor del gamo
un dedo de gusto pide,
lo arrimas Arimatea,
y cómo se abre de piernas,
ninfa en el sexo aletea,
aunque otra sea su pasión,
un dedo en el huevo hundes y
otro en su corazón.

Una sola cosa tengo
guardadita aquí en el alma,
y como el alma es muy torpe
no hay quien la pueda encontrar,
una sola cosa tengo y
ya voy a terminar,
estas manos
estos dedos

seguro que en extinción,
pero en lo que las yeguas llegan
vestiditas de abulón,
un dedo en su sexo hundo
otro en su coliflor.

Eye of the beholder

Ayer fueron dos nalgas robustecidas
por el engranaje tenso de un nudo de músculos,
un ojo que maceraba alzado trancaba y caía,
un ojo macera pues alza su tranca y cae,
alzada tranca caída,
los cascabeles en la entrepierna.

Mis ojos son las válvulas del itinerario y la forma del bastimento,
sin rumbo el sol sobre mi frente cremábase,
llagado
se trata de un ojo sucedido.

Detrás de ese culo he imaginado el mecanismo,
detrás de ese culo imagino piñones
músculos y poleas,
la rueda sobre rieles de piel cubierta
por un ceño
que se traba como una manivela
ciego
como un guaguancó donde patinan los instrumentos,
péndulo entre líneas interrumpido insiste
                oscuro interrumpiéndose,
péndulo tartamudo deslizado
           deslizando displicente en su emborujo
        recubriendo sus esferas contundente,

---

* 27 de septiembre de 1995, 15 de agosto de 1996, 9 de mayo de 1997, 26 de junio de 2010 y 9 de enero de 2015, Río Piedras y Silver Spring.

cadena de carne que pareciera esfera
cubre la rueda,
dentados los piñones
Ahí
sobre mi lengua
explayada estría
ahí.

Ayer fueron dos nalgas respiradas,
mirar sin ver el ojo en su aceite
desvanecerse,
hoy ya quisiera el espejo saber de las formas de este disiparnos,
mas ayer fueron dos nalgas inhalantes,
ya quisiera Narciso remedarlas en su copa:
fuentecilla los labios de Changó en ti atigrado.

Diarios

He leído alguna vez diarios íntimos,
hallados en bibliotecas personales
al azar mientras buscaba colecciones obscenas
o libros fabulosos.
Traicionaba la confianza de mis anfitriones.

En ellos el hermano menor (hermano es un seudónimo)
jugó con el bicho del perro,
un amigo (aquí va un nombre propio)
narra la cofradía que fue el culo de su amada,
una madre escribe la carta que su esposo nunca leyó,
un padre imagina un discurso ante un edificio con columnas,
una hermana (otro alias) rasuraba su sexo con cremas y cristales.

El primero que leí fue el de una vecina
que disertaba sobre el diámetro de sus pezones y
se imaginaba tras la nevera de un colmado de esquina
risueña
con sus tetas al aire,
había visto a su madre masturbarse sobre el bidet,
su hermano (pronombre también) dormía abrazado a una toalla
húmeda.

---

* 16 de noviembre de 1996, 19 de marzo de 1997, 10 de septiembre de 2000, 26 de junio de 2010, 29 de marzo y 19 de diciembre de 2014, Río Piedras y Silver Spring.

Otro amigo escribía su temor a la muerte,
la sentía escribiendo con sombras sus intestinos,
aquel diario clamaba por un sol que secara sus excrementos y
lo liberara de la ansiedad que le producía el cuarto de baño,
su madre tocaba a la puerta y ofrecía galletitas con leche.

El último fue el de una herida (herida también es pronombre)
poseída por la cama nupcial,
me antojé de saberla y encumbrarle su aureolilla,
lamí, cual monstruo, el horror almendrado de su ranura,
puse un dedo en su sexo y otro en su culo,
me gustaban sus citas y sus falsos señuelos,
escribía sabiéndose Editada por el Futuro,
aquello no era un diario sino los preparativos para la tumba
del Faraón.

Admito que éste me incluyó gratinado,
devine residuo, grosella, dígase gargolita,
supe qué hacer dónde roer y cómo lamer la llaga,
la carne viva fue el anfiteatro menor de nuestros encuentros,
el azoro todavía espanta de allí a los arqueólogos y a los pájaros.

Algunos de estos textos comenzaron a confundirse
con fotos familiares,
las fotos pornográficas con las imágenes del cine,
en ellos avizoré un vacío y
luego el sedimento de un recuerdo obligado por la soledad,
después venía el silencio y la fruición de mis manos.
Como los créditos al final de la película.

Nunca he podido reproducir una sola página de aquellas lecturas,

cuando lo intento recuerdo las siestas junto a mi padre
su espalda,
nuestros juegos por la casa con mis hermanos y
mis manos sobre su piel deshaciéndole los granos,
entonces me levanto y
se escucha esa música que me aplaca.

La pequeña

Rosa blanda de lluvia
Su luz que es cangrejo
que es huracán
El rayo que no se muestra al estallar
Tu culo más alto que tu rostro
Tu falda ardiendo
entre sombras vuelta
Sobre tus espaldas
el rojo y el negro bailan
La hendija que es la carne
Las manos en el suelo
Este horizonte
Severo el amor con las rodillas.

---

* 9 de julio de 1996, 18 de marzo de 1997, 17 de mayo de 2003, 16 de junio de 2008 y 20 de diciembre de 2014, Río Piedras y Silver Spring.

Ruego

Mírame a los ojos y dime lo qué debo decir,
lo que sin duda no sé,
dime por favor lo que quieres.
¿Por qué este gozo olvida lo que quería?
Haré lo que pidas
el vacío me ahoga,
me tiene mal y no sé
(cómo pedir sin ordenar,
cómo decir sin pre-decir)
hacer silencio:
haz lo que hace:
no digas lo que haces.

El frío
castañuelas en el pecho,
las tetas
qué quieres,
(una riel y otra riel
el dolor hizo que la serpiente perdiera las patas)
que el dolor sepa del dolor
así   ahí
anda jódeme de una vez y por todas,
lo que quieras, por favor
(savia sobre carapacho

---

* 16 de octubre, 11 de noviembre de 2002, 27 de febrero de 2007, 28 de junio de 2008 y 12 de enero de 2015, Silver Spring.

sabia sin temblores
el sabor de su axila)
qué
mama   tócame
puta   cabrón
métemelo mámamela
los dedos   ahora
no
los dedos ahora
dame

(*ay que rabia*
si en ten con ten
te vas de merequetén)

escúpeme
el culo
también
(La sonrisa del reposo,
el reposo es una arruga en el tiempo
el reposo es una langosta que sabe que va a morir.
La «o» es un marullo donde la baba sucumbe
agarrada a un garabato)

(el ahogo de un tórax
revienta
aunque no)
(el silencio
ojos como cavernas que pueden sostenernos,
la extensión de su olor, del sueño
el silencio o su alharaca sorda)

Déjame verte
tengo sed
(al lado de la botella
coronada de calaveras
la lamparita abre los labios)

Anotaciones

Dejarme hacer
por su mano
el silencio.
Recibir sus mandatos
escuchar su voz
no contener los temblores.

Este es un poema sobre ese tiempo
cuando los aceites son orificios.

Dejarse hacer
—anillo en el anillo—
no decir
nada.
Escuchar esa vocal
Lamer ese brocal
esa membrana
en la saliva
el abrazo
el desespero untado a la sorpresa
que no salta,
Proceder
resbalar por esa muerte
dejar de hacer.

---

* 9 de febrero, 12 de octubre de 2009 y 30 de marzo y 20 de diciembre de 2014, Silver Spring.

Dejarme hacer
Ceder el cuerpo
–calamar en el ojo de la morena–
–calamar fundido a la posta que se eleva–
roto en lo roto
hueco en el hueco
argolla en la lengua de las argollas.
Responder a sus preguntas
Saborear sus insultos
las caricias que no lo son
el sexo sobre el rostro
el sexo sobre la boca
la respuesta sin palabras de la lengua.

Dejarme hacer
sobre un vientre
desposado
dispuesto
entrever el vaho
–ventrículo en el ventrículo–.

Dejar de hacer.

Sumisión

Su belleza
distendida.
Un bordado
serpentina que pulsa
seda quieta azulosa
culebra que ha devorado al cielo,
el sin lugar que define el oleaje.
Arrodillarme ante ella.

Su lugar
su belleza
no le niega a la isla la forma de su tumba,
es la desaparición del barrote
en la transparencia de un litoral,
allí se baña en su propio cuerpo.

Su magnitud
—navío de saliva—
tubular como su voz
tubo deslizándose en otro tubo
cuenca deslizada en su cuenca
lubricantes
una anguila devorando una morena:
orificio

---

* 18, 20 de marzo de 2007 y 30 de marzo y 20 de diciembre de 2014, Silver Spring.

ventosa en el orificio,
roto en el roto
carne que silba
bicho en la carne alelado
boca hecha charco
ojo que respira mojado.

Su belleza
bajel
calamar ciego
conversación de los ausentes
deposita en mi nariz y en mi boca
el olor de la revuelta
el olor de las mantarayas,
mi estar ciego
sin tentáculos.
Su sexo asomado apenas,
ahogo de peces voladores
aletean y parecen no descender,
en alabanza
recuerdan una antigua movilidad,
pero no es verdad.

Su color
las secreciones que lo abrillantan
rosado ahora
purpurino luego
la carne bajo mis párpados
negro como la sangre
nata que no quiero limpiar
melaza
        mancha

    fundido
entre sus piernas suplico.

Su belleza
humorosa
yo hiervo
su misión.
Sube ilesa
Suavena herida,
aluvión lentísimo
implacable
incurable.

Por esto

¿Qué por qué?
Por esto:
El sabor de ese plato
que te llenó de ansiedad,
Nuestro conversación sobre el mismo.
El humo de la yerba que visitara tus pulmones,
el invisible
también el blanco que aspirara el extractor.
La risa,
La conversación,
El momento ese cuando el paisaje obliga al silencio,
El momento ese donde el paisaje hace silencio.

Qué por qué
Por el instante inmenso
fugado en su propia fugacidad
de abrirte el sexo
así con esta mano,
haciendo este gesto.
El entrechoque en el pecho,
los nervios,
el inigualable beso,
Por el tremendo silencio de tu mirada
roja como un faisán.

---

* 22 de julio y 9 de enero de 2015, Silver Spring.

Qué por qué
insistes
Por la libertad dispuesta ante nosotros
como un arco
como una caja de música
como la bocanada interior
de un leviatán desconocido.
Por el instante perdido
de abrirte el sexo
así,
la libertad de hacerlo con esta mano
así
como la boca de un cangrejo.

Linfáticos

La mitad de la semana: resonancia magnética

Un día nublado
común y sereno en su machaca de humedad,
un día manso
apendejado ante la crisis
que le han dejado dos anteriores de lluvias o
la mismidad de la isla,
un día nublado y uno con este vahído seco,
apretuje largo en el pecho,
una tensión suspirada,
un día imantado
llega de golpe como un apagón,
angustia sin anunciarse.

¿Hacia dónde echar ahora esta aguaviva invisible
que desea quedarse a dormir dentro de uno?
¿Dónde el magneto que me localiza?
como el helecho en la espora,
como el látigo en la carne,
un día nublado
plomizo como la gravedad.

Algo misterioso
pero sólo en su sospecha un itinerario aproxima,
algo cobijado me han injerto entre ceja y ceja,

---

* 30 de abril y 12 de mayo de 1992, 7 de julio de 2010, 22 de enero de 2012 y 29 de marzo de 2014, Río Piedras y Silver Spring.

¿qué hago aquí en esta isla tubular?
justo ahí cual espinazo
pararrayo encariñado,
hipodérmico abayarde eléctrico que descarga,
gozo me prodiga preciso como una fiebre.

Algo me repite su risa mondada
en la carne festejada baldada dosis percudida
inalámbrica,
algo ineludible cercano a la cólera
de la nada emanado
aterriza en este día nublado.

Algo grande quizás como un Tratado
me han asignado y
no se me va comiendo lerenes y
no se me quita cogiendo prestado y
no me abandona si miro la tele y
no se me va tocándome.
De cachete la insistencia sigue montada sobre el tedio.

De nada sirve una oración,
de nada fijar en el techo corales blancos
ni aspirar entre nubes pudiera
negado querubín que sonriera.
La merced del sinrespiro ya es hiedra.

Algo grande como una ballena me quiere lamer,
no es juego,
me lleva a las profundidades
algo aquí me está esperando con sus nubes

en la puerta con una jeringuilla en la mano,
alguien para colmos algo me quiere vender
de muy mala calidad y
la alegría (como siempre) retrocede,
dejándome este día sin perspectivas:
señor una ganga a mitad de precio venga
a ver,
pero qué va
yo no quiero ser el imprudente,
ni dueño de tanto folklor,
quiero ser la descarga que los parta por el medio.

Pero es apenas un día nublado,
penetrante en su intemperie alojada y
la sortijilla del llanto dejándose querer,
frotamiento de esponjas quisiera,
hay que secar, Virgilio, hay que secar
sigilosa acometida sin esponja,
la casa
refugio –no puede ser– en un día nublado,
quién sabe si un día nublado
una mascota quiera tener.

Ná, no voy a salir
lo siento,
si ya pronto empieza a llover y
lo que yo tengo son unas ganas enormes de sacarme todo esto del
pecho,
cubrirme de telas y
taparme el rabo con hiel,
con una sabana,

con un ave que despliega sus alas
se deben estar notando tantas cosas.

No quiero morirme en esta selva que no supe,
no quiero ahogarme en esta ciudad que no fue,
arrancarme de un tiro quiero algo debajo del cuello,
ponerle un enchufe,
que se joda
présteme señora esa extensión y enciéndame las penas,
a ver si algo sucede,
lo que quiero es llamar a la gente como lo hacen los umbrales,
titubeante de felicidad la sombra
invita a los paseantes a que entren,
resguárdense, no se mojen.

Total
tampoco estoy para recibir a alguien,
vamos a dejarnos de cosas,
dejarnos de las cosas
tú sabes,
la cosa impública esa
que nunca habla durante los días de sol,
la dejadez de la res ante el rayo y su nada lejana,
hechizada fulminada,
¿ea rayo, por dónde iba?
ven, en realidad la falla es este día,
el tiempo es una falla,
como una caja china hecha de órganos,
sin estruendos en ella me abismo.

Un día alelado, turbador
bobo, sanano, pendejo, abusador,

boronía pegajosa que me priva de cascos,
que me dispensa la felicidad,
un día con su mandato y
de gratis uno haciendo el ridículo y
uno apenas con las medias mojadas
en el piso junto a la cama.

Un día nublado como el desempleo,
un día sin edificios ni cielo ni paseantes,
un día que come del espanto y de la majadería,
un día nublado idéntico a una casa abandonada.

En la pared el mismo cuerpo incrustado.

Plegaria en el tránsito

Ay ángel de las encrucijadas en este trance ampárame,
acércame mejor tu aliento y
no me dejes como cobo sin caracol,
en medio de la corrida diurna,
a la hora calcinante cuando la carretera número 2 se atapona
en la entrada de Vega Baja y
el tedio,
los pentecostales,
la culpa se enseñorean
campechanos.

Todo el mundo toca sus bocinas,
para esto sí se ponen de acuerdo,
el chango revolotea hambriento,
palancú cúbreme entonces
reconozco algunos de tus disfraces y
sé que no serán suficientes,
no me ofrezcas este puente peatonal,
por favor,
tampoco aquel lleno de mierda,
no el limonero cubierto de queresa,
bórrales mi verdadera carne.

Evítame la sed del armadillo,
hazme verdad sin aire,

---

* 10 de enero de 1993, 7 de julio de 2010 y 22 de enero de 2012, Río Piedras y Silver Spring.

no me dejes a la merced de semejante pájaro,
que no quiero ser carnada,
ayúdame a nunca quererlos,
acógeme en tus alas y anídame en el semáforo,
recuerda que voy solo y sin abastos,
con esta sed de marisco
solo,
solo y sin abastos
con la única promesa que contienen tus tenazas,
ángel muerto te lo ruego
ampárame en tu sordera
en tu ceguera prodigiosa y
si caigo
déjame salir roto pero impenitente.

Hora de almuerzo

Camino desorientado por un barrio de Río Piedras que lleva por nombre Santa Rita. El sol me acosa el cogote mientras busco esa calle que sé tomaré equivocadamente para llegar, mediocre casi por expulsión, a una cafetería idéntica a sí misma. Deambulo en la inexactitud de la peor ruta sabiendo hacia donde me dirijo. Sin embargo, en un breve instante el tiempo se ha llenado de fibras y estoy en un lugar peculiar marcado por una carencia sumergida bajo oleadas de imprecisiones. Estoy perdido entre nombres de personas y apellidos desconocidos que no me interesa conocer, casas que van a ser, en cualquier momento, bellas, otras seriamente vulneradas. Es una caverna trenzada la que me provee el oasis. Desde la acera escucho el correr del agua en una ducha mientras una teja ya no es el párpado de la sombra. No imagino aquel cuerpo mojado, desearía su combustión en mis orificios. Todo me parece falsamente enjambrado, dueño de un ritmo familiar. Accedo al sentido y a la diferencia de la palabra archipiélago, como un cangrejo.

---

[*] 20-23 de mayo de 1998, 8 de julio de 2010 y 13 de enero de 2015, Río Piedras y Silver Spring.

Anzuelos para Palés Matos

La carne del agua I

Mira
y en la palabra lanzado viene el veneno del pulpo,
la incandescencia de ese estómago que no se ve incorporándome,
serpeando por este oído lleno de resinas.

¡Mira!
y nada sino los ojos alegres de un ebrio
hundido bajo el árbol y el puente:
ofrendas del postre.

¡Mira!
dice esta señora con su lengua mechada
en escabeche los cohetes los caracoles de su sonrisa.

Mira
es un hueco centuplicado por el poro
un rostro donde el rojo y el negro rápidos casi pendulares zurcen
un sombrero,
mira
ese es el portal del pene donde decide una minúscula deidad los
levantamientos.

---

* 19 y 25 de marzo de 1998, 12 de julio de 2010 y 13 de enero de 2015, Isla Verde-Río Piedras y Silver Spring.

¡Mira!
y es aire acoquinado por la salamandra del lago
donde la *m* alza su cabeza antes de ser decapitada.

¡Mira!
o el mandato de la venida –un pariente muerto–
la entrada en un hogar de ancianos o el musgo tan trivial.

¡Oye-mira!
me dice este rostro que hace un molinillo con mis letras y
es la mano solicitando una moneda
quisiera un hola en el saludo:
ballenera.

La carne del agua II

Colgado de una caña como ovillo dibujo pequeñas figuras,
en ellas dos cucarachas
emergen paralelas
casi suplicantes,
remedan las que se hunden eléctricas en la arena tras el retiro de
la ola y
los cardúmenes de sardina azorados
a lo lejos   vigilan su propia ansiedad,
llevan candelilla en las agallas,
éstas se ahogan en sus tintas,
las antenas se pierden en un bamboleo de algas y ecos acabados,
en su negro estar el ámbar se les aúpa por un tronco de espinas
donde el verde es la despedida de un cuerpo amado
bajo la lluvia
en los andenes del tren.

Se sabe que los pescadores las codician
por el reloj de arena que le regalan al anzuelo,
las mías parecen digeridas
ya secas
clasificadas
discurriendo por el papel hacia cavidades de la tinaja y

---

* 20 y 25 de marzo de 1998, 18 de julio de 2010 y 29 de marzo de 2014, Isla
Verde, Río Piedras y Silver Spring.

esas caderas que las contemplan como las escapadas del calamar,
quisiera no desear su destrucción su aplatanamiento
pero las dibujo y
los tubos sucesivos de las ventosidades
el litoral
me oxidan en las heridas el coral,
voy a capturarlas
en mis pies ponen miles de orificios
antes ponzoñosos erizos,
mientras las acometo
—no puede ser—
los dedos agrietados
las protegen como islotes.

Yo quiero volver a Babel

a Pedro Pietri y Tato Laviera

Yo quiero volver a Babel,
subir sus escalas,
poner mi letra mi prenda y mi hongo
al pie de su ruido,
sacar mi música,
mudar mis paquetes, mis cosas,
saldar el hastío.

Yo quiero volver a Babel
ofrezco a su cuerpo rescoldo
a aquel barrio cariño,
resuelto en hileras templado,
espasmo tres veces cabrito
caldoso
sonrío.

Yo quiero volver a Babel,
encontrarme con viejos panas,
pasear por su plaza sitiada,
cuadrar a la recua,
matar funcionarios aduanas,
lavar los manjares,
poner bien la mesa,

---

* 8 de enero y 19 de febrero de 1992, New Haven y Río Piedras, 13 de septiembre de 2014, Silver Spring.

borrar el castigo,
volver a Babel y quererle su torre,
sin pena ni escarnio,
de gusto invisible
tocarme el ombligo.

Ay gallo, volver a Babel,
mostrarle las branquias
contento sinfónico y creciente
besarle el anillo,
te digo que cojopallá,
de piedras descalzo la sombra y
digo otra vez que me vuelvo,
va y se zafa el jolgorio y
yo en lo llanito,
mejor abro una fonda
medito,
allí siento y rejunto ansiosos bilingües,
aquí políglotas, autistas, muditos,
que cojan su fresco,
que gocen del fruto,
servir carruchito.

Volver a Babel deseoso,
en días que airea la bulla
con toques llamar alcoholes,
un corzo adobar en ayunas,
crecidas cavernas suceden
saquean trompetas redundan,
venir de medusas, cangrejos, erizos,
en guardia poner los umbrales,

en tales alturas rocío
inculto bendito,
llameante procede la jungla
montada en su nave
manglaria,
oler su membrillo.

Yo quiero volver a Babel,
sacudo de gozo,
la aprieto
untado zarcillo,
bruñido cobito ofrezco,
jaibitas al frío,
buruquenas del río.

Yo quiero volver a Babel,
pulir sus escalas,
abrir las ventanas,
roer el mandato,
majar las viandas,
coger su sombrita y su tono,
bailar en el rito.

Yo quiero volver a Babel,
seguir levantando el anafre,
fundirme al hechizo,
molusco descargo cuajado,
sus ojos jengibran el guiso,
otea en silencio la muerte,
recreo inmediato
grosella caimito,

la olla revienta de besos,
remeda la tumba la ola,
el mar retrocede ¡bendito!

Yo quiero volver a Babel,
amarle su estanque saciado
de meros
bajío surtido,
yo quiero volver a Babel,
abrir el pestillo.

Envío para el cogollo

> Tenía yo unos deseos enormes de ir a Europa, lo consideraba imprescindible para mí. Pero por mi desconocimiento y olvido de la circunstancia cubana, caigo siempre en trampas tendidas por los demás, pues todavía a mi edad me es imposible concebir que alguien haga mal por bien gratuitamente.
>
> José Lezama Lima en carta a José Rodríguez Feo

Antes de partir le he dejado estas notas.
Tomándome la libertad de hablarle en estos términos,
no puedo con esa inmovilidad de carey telúrico o
la conversación imposible que me le han impuesto,
me dirijo a usted
desde el mismo lugar donde tantos niños hablan con amigos
/ invisibles,
escondidos en roperos y rincones,
saludan las ausencias que les acompañan y
así matan el tedio o el horror,
me dirijo a usted creyéndolo amigo,
grande atrevimiento este por la distancia y la muerte que nos separa.
Creo enviar aquí lo necesario para su viaje.

Sahumerios y algazara infugado roedor de la ceniza,
le espera en Granada cubierto de banderillas de nácar un compadre
/ criollo,

---
* 26 de junio de 1992, 1 de agosto de 1993, 9 de mayo de 2003, 1 de enero de 2006, 21 de junio de 2010 y 13 de enero de 2015, Santurce, Río Piedras y Silver Spring.

roto el corazón de expectativas por una cornada,
tamborileando como una gitana,
lo aguarda el mejor duende caborojeño,
le han descrito su fisonomía,
sus apetitos sibaritas,
su portentosa almohadilla,
la de ofrendas energéticas que le recorrerán
una vez la suma llegue a sus manos,
estacionado en la rueda de otra isla más
que se pudre en su grandeza,
el regalo que confirma su densidad de angelote
va con estos versos.

Late confirmada su venida en la nada de un deseo paralelo,
visitaciones a Joyuda y
a los senderos del eco en Guavate,
flor tostonil desposada de pringue,
pezuña hendida sedienta de iniciales,
la de coincidencias en su cielo,
los buñuelos en su paladar,
la de aceites del aguacate,
verle llegar vejigante de plata o la jarana,
no sabe lo que ha sido soportar la quietud de este paseo que nunca comienza,
las miradas a un techo de nubejas y embelesos,
fabricaciones de yeso y cuevas pululan mi morada,
ahora que por fin conocerá Corinto y el musgo rojizo de Delfos,
los azúcares del litoral no le dejan saborear el ruido de su cuerpo.

Estaré asomado a la ventanilla de su asiento,
como una caricatura en las tardes escolares,

justo si el desespero mueve su escoba,
nada tiene que decir
nada tiene que hacer,
ahí estaré,
diligente trataré
como el impulso en la barranquita,
como la dueña que organiza sus utensilios presintiendo la visita,
abrir los caminos que deba usted recorrer para saciarse,
para que lo diabólico no le venza con su jilguero de hielo,
para que el temor quede junto al refajo de la madre y se deje ir,
para que saboree los manjares de la estación prometida.

Ya le veo temblar en la nave cual cochinillo
con el espeque en la una y el platanal en la otra,
quedará su isla nuevamente trocada por el desapego,
guardada por las rieles del banquete de peces,
conociendo zumbido de flauta muy puyado,
hiriéndole luego la columna con su canción manchada,
ética del reguero
cuídeme a este gordo,
rápido le colocan delantal y los comisarios se esfuman.

Así cumplo tras su desaparición física
lo que una tarde figuré entre verdes sobre blancos,
               llovía
cuarenta días en un desierto lleno de ventanas abiertas,
viscoso miope peatonal con la lengua pegada al paladar leyéndolo,
yo que de hospitalario y viajero dejé alumbrado el terruño,
yo que desde el predio del turismo coso higueretas en la sombra
ante el valle de las esporas,
le veré llegar a París rodeado de palmas y gardenias,

un tercer cangrejo dilatará su descanso en el son de su lluvia,
semillea de alelíes un santurcino en la Parguera,
algún paisano se escabulle del martirio de Roma
y se come un bacalao en Piñones,
salta entonces y mea sobre un león muy fornido,
bienvenida puesta al instante
en la rampa: una azucena.

Era lo menos que se podía hacer,
untarlo de menta para los baños florentinos,
desubicarlo para siempre ante la tarima de los héroes.

Cualquier cosa recuerde
aquí a sus órdenes,
enhorabuena por la dimensión que le alberga
jojoto y níspero,
jocundo
queda de usted
un comensal.

Informe de pérdidas

> Máquina funeral, que desta vida
> nos decís la mudanza, estando queda;
>
> Luis de Góngora (1611)

No sé si dejar el carro sobre la acera
estacionado
sea una buena decisión,
no lo digo por los agentes del orden público,
sino por el oasis que sospecho me niega mientras hago las gestiones,
no sé si dejar el carro sobre la acera
estacionado sea precisamente lo que he querido hacer,
peor aún temo que ocupado yo entre trajines y
estacionado él no logre detenerlo,
y que a pesar de mi anhelo en las salidas y
de mi victoria tras el seguro la puerta
cuando la alarma levanta su cobra,
esta máquina apagada proceda encendida
a través de los espejos
los ojos que la reconocen
las narices
los orines de perro,
es y no es el objeto de una vida sin estruendos.
Me temo que allí deja de ser carro para devenir auto móvil.

---

* 7 de octubre de 1997, 10 de enero de 1998, 4 de enero de 2000, 12 de julio de 2002, 18 de julio de 2010 y 13 de enero de 2015, San Juan-Río Piedras-Miramar y Silver Spring.

No sé si dejar el auto sobre la acera
                    estacionado,
sea exactamente lo que quiero hacer,
pues algo de venganza hay en desconectarlo,
me lleva a lugares que mis pies no pueden ni podrán alcanzar jamás,
él ha inventado paisajes,
sí, estacionarlo es perecer ante la envidia,
pues relumbra entre carriles,
presuroso y efectivo es bajo mis dedos
me musicaliza y
permite que juegue con mis genitales mientras el ojo de la luz observa,
los peatones lo contemplan como el arca de Noé,
claro, con aire acondicionado,
en él puedo hablar solo –celda rumorosa–
hasta parece que pienso y canto con donaire.

Sobre la acera estacionado sólo él sabe el nombre frágil de
                                        / las estaciones,
es hoja que cae
oruga ninfa y abeja entre colibríes
granizo sobre la casa,
planeta giratorio entre miles de estrellas,
un parking es un rey que inaugura un solar para marsupiales
cuando él lo visita,
lugar donde los transeúntes esperan otras naves,
depositan en la ranura una moneda.

No sé si dejar el auto sobre la acera
estacionado,
sea lo correcto pues acera
oh acera movediza

allí sucumbe tragado
destilado desfila entre amigos –antiguos modelos–
visita cavernas inexploradas
edificios sedimentados
viejos túneles monjas acoplándose
fosas yacimientos esqueletos petroglifos,
entra encapotado bordado de llamas a la cueva de Batman,
juega con el submarino que mis padres nunca me regalaron.

No sé si dejar el auto sobre la acera
estacionado,
sea exactamente parte de mi destino sobre el Caribe,
cuando sé que en él Oggún puede recibir sus criaturas y
junto a Elegguá destrozar animales en las encrucijadas.

Yo nada puedo hacer,
un pie en el freno y un ojo en el desespero,
no sé si estacionarlo sea justamente decretarle la fijeza,
pues al regresar lo encontraré lánguido y triunfante
bajo el sol como una palmera de metal
resplandeciente,
sé que es un cuerpo para las secreciones
como medusa sobre pirámide,
como miembro en su bóveda,
sus materiales se desplazan sin combustible y
yo atado a un pistero y la gasolina que cae
por una cascada de números
a la usanza de los insectos.

Se ha movido siempre el muy dirigible,
pues al ponerlo en marcha cruje

se queja como un atleta dolorido y
mi carro viejo no es
tenemos aún buen millaje,
resignado ante mi agenda reconozco que no es buena idea,
concedo que sobre las islas casi cabeceo crustáceo estacionarlo
sobre la acera ha sido mamar del desconcierto,
poner los ojos en la licuadora,
sonreír con los dedos ungidos,
no sé si dejar el auto sobre la acera insisto
sea al final de cuentas dejar el auto sobre la cera y
en plenos poderes cavidad sucedida por la abeja,
comprimido estacionado para su ruina de fuego
no creo que al caminar yo
la máquina ceda.

La receta en azul

El sonero narra su entrada en la música como una invasión temporal,
cotidiana la máquina que lo ocupa
ocupante el vocabulario y ocupada su mirada,
el cuerpo de su inmediatez procesado,
fueron las palabras de la madre que lo ocuparon
modos de desoír al padre,
la posesión del sonero tiene la forma de un espacio deglutido,
—eso me digo—
cometiendo el horror de silenciar su voz al apagar el equipo,
pero la penetración ya es la firma de mi confusión,
—eso me decía mientras cocinaba—
cocino con la televisión encendida,
cocinando escucho mi música y
vuelve a encenderse su disco,
doble fogón
dos bocas presentadas
donde los aromas aflojan el sentido del tiempo y
el guiso inscribe un ulular en mis sartenes martilleados por Oggún,
ante el noticiero alguna vez la radio destiló la serpiente
purpurina y trozada del piano.

La sonera, por su parte, narra su entrada en la música como una
/ invasión espectral,
fueron voces que la ocuparon,

---

* 27 de septiembre de 1995, 15 de agosto de 1996, 18 de julio de 2010 y 13 de enero de 2015, Río Piedras y Silver Spring.

modos de resistir al padre,
modos de relacionarse con las prohibiciones,
resonancias del ritmo de la madre,
La sonera resiste la posesión,
ante dos huevos reventados y
descendientes hacia el merengue,
el de ella es un sonido atado al cariño que la bienvenía,
la vieja orquesta anillada ante el micrófono,
–esto decía– sudado y la mesa familiar ya me espera
rumorosa
sin ecos,
Echu, Oggún, Ochosi y Osun velan mi puerta
mientras en la tele madejan los titulares alguna banalidad.

Yo sólo he querido hablar entre las canciones.

La corona de Barreto (Barreto 1975)

Bajo las luces de la tarima,
la reverberación lo eleva,
hinchado irá el rey que el gesto corona.
La corona es ese pararrayos de tres puntas
que distingue a los ungidos por su propio cuerpo.
Barreto desciende de su improbable martirio sonriente.
Barreto asciende a su arrebato sonriente.

La embriaguez es un párpado cerrado
más de dos.
Cruel gigante sonreído que nunca dobló las rodillas ante David.

Álbum monstruoso.
Ambrosía descendiente
Elevada refuta a los creyentes
en la humildad de la servidumbre,
cualquiera de ellas
Hijo de dios por eso Ray.
Su nombre es su corona.

La nota y el delirio que el fotógrafo persiguiera,
la máquina que se le escapara.

---

* 2002, marzo de 2006, 18 de julio de 2010 y 11 de enero de 2015, Silver Spring.

Ante un oficial de aduanas

Para los Patrio-Titos del Mundo

Mi hombría espera paciente
Que los machos se hagan viejos
Porque a esta altura del partido
La izquierda tranza su culo lacio

Pedro Lemebel

El gran puente, el asunto de mi cabeza
y los redobles que se van acercando a mi morada,
después no sé lo que pasó, pero ahora es medianoche,
y estoy atravesando lo que mi corazón siente como un
gran puente.

José Lezama Lima

Me presento ante Usted obligado por la movilidad,
sé que me violentará con sus exámenes de coeficiencia política,
seré sometido de algún modo a un interrogatorio,
demandará grandes declaraciones,
preguntará en silencio por la naturaleza de algunas de mis amistades.

Confirmaciones
a su derecha o a su izquierda,
sin duda,
también me han hecho comparecer las autoridades

---

* 8-10 de septiembre de 1995, 27 de noviembre de 1996, 14 de enero de 2006, 18 de julio de 2010, 22 de enero de 2012 y 24 de marzo de 2014, Río Piedras y Silver Spring.

que como usted me imaginan sospechoso y me tildan de tonto.

Pero me presento porque me escogerá el silencio y la nada,
No he podido evitar esta palabrería,
Es mi falla,
no me queda sino declinar,
hoy hablo porque acercármele ha sido contemplarle el horror del juicio y
Usted es la Casa del Juzgado.

Alejado decirle debiera
mas no es el puente quien me Lo evita,
Alejado es su nombre y
su cariño por los sujetos que engendra la guerra y
la guerra envidia al puente:
lo destruye cuando lo levanta,
pero el puente es el flujo hecho piedra,
la guerra fundaría allí su inmovilidad desordenada,
por eso se conforma con desplegarlo a Usted
ahí
Soldado en el puente,
en plena Claridad como un suplemento cultural para devotos,
Soldado fijo en su goce terrible y
de cualquier modo revelado,
por la mar militante cosido a sus armas,
imposible palestino cachipaecocó,
esqueleto de pirata de plástico,
decoración de acuario.

Tranquilo en el misterio de siempre
a pesar de Usted

pasaré por la bahía,
Mi lengua ya viaja con la diosa de los vientos.

Usted veredicto
soldado seguiría.
Yo sólo deambulaba por el puente,
pero claro soldado no sabe de la andadura del sol,
al soldado la sal es un modo de asustarse
el granito hiede dice,
¿sabe Usted nadar?
porque el puente cobra vida en el instante de los transeúntes,
gusta del mar que enarca de islas,
sortea los peces que merodean sus zapatas,
la guiñada del carey ante la tintorera,
la extranjería lo corroe.

El puente no es el oficial
el puente no es la Isla
el puente es la tensión fracturada o el musgo sobre el fósil
el puente es el deseo del viaje no el viaje
el puente es la memoria de lo parcial
lo pequeño
y sólo vive aspirando entre la seda,
por eso del puente apenas la llegada y la salida,
sin peajes sin caseta sin saludos y
Usted ahora aposentado eterno
aposentado en el gerundio
aposentado en su soledad mojigata
decidiendo sobre lo Humano, lo Digno y la Libertad,
no me venga ahora con que lo llaman el Levadizo.

Paseaba por este puente y
no sabía de esa moral de Sacrificios
requerida siempre y
que Le obliga selectivamente a tomar la palabra,
a censurar(se) ante el Pabellón de los Héroes:
arremetes contra el Sr. Presidente (siempre)
contra el Sr. Comandante en Jefe Verde Olivo (nunca)
contra el Sr. Jefe Supremo del Ejército (depende de los muertos)
Dictador (de derechas)
Sr. Marido Brutal (si aparece en el periódico de la competencia)
qué mamey neo-patriota.

El día que inauguraron el puente yo no vine y
ya Usted era un ojo a punto de la acidez,
el amante que destroza la casa,
el amigo que habla a las espaldas del amigo,
el miedo como caquita en palito bien intencionado,
reseñador de dudosos poemas de alguna maestra de escuela
que nunca se ha tocado la crica.

El puente, dicen, es del trucoso Elegguá y sus 21 caminos,
Usted es el Estado y cree ser la Isla que vendrá,
El ventrílocuo de su Agua-Cero,
Usted es el Estado y cree ser el amor
Usted es la dentadura de su enemigo y cree
otear la Utopía transfigurada
en esa imposibilidad tan suya de abrazar a aquél
que no le regale el espejo de sus creencias.

Usted sabe pasear su odio ante lo que no entiende y lo deja sin voz,
Usted se defiende de todo,

cree tener alrededores intactos
impermeables en su célula
cancerosa y
riega la voz con textos emitidos desde su puesto de vigilancia.
Usted no sabe de afueras,
Usted no sabe del afuera,
da lo mismo cuando se decide ser un ojo
patrullero,
orondo y satisfecho
porque se ha podido ver el bicho,
sin imaginar lo que los pelos bajo la nariz tramitan.

Mientras cumples con los designios del Altísimo
Señor de La Historia,
yo sólo pasaba por el puente
y –rantamplán–
Usted que se presenta con sus coturnos,
con sus proclamas y su cuerpo hierático,
con su mirar patricio y sus saludos de cepo a guerrilleros muertos,
de nada le sirve jugar beisbol, billar o canicas,
a mí tres carajos me importan sus golpes de pecho
o su parodia del reggaetón,
ser de la laxitud, charlatán, entre almíbares voy.

Mis erecciones, mis ofrecimientos, mis posicionamientos son
pocamente cuerpos:
cuerpos para la blandura
cuerpos para la discusión
cuerpos de sobremesa
cuerpo para la secreción,
cuerpo en el postre

cuerpo postrero y
Usted sentado o de pie yace
en el puente varado
Soldado que no sabe nadar.
Soldado siempre ve la guagua pasar.
La belleza que siempre se nos va.

No transita Usted,
comentarista frutal de las catástrofes,
bajo su lengua palpita el rencor como una rémora,
usted vive entre los textos donde los poetas parecen oficiales
santones, payasos o disfrazados
dedicados a la orfebrería de hombres y mujeres mutilados por
/ el poder.

Usted remeda el encierro y
el puente es el sedimento de la simulación
frágil el puente simula la fijeza con una forma,
la orquesta atada a un dulce de grosellas y
el caminar de un jarro chino bajo la lluvia que es lengua agotada pero
al Soldado el puente solo le avanza un martirio como un cáliz,
el puente es la forma de la pluma del vaso
del arco entre las columnas y
aquel tiburón que escapara de su hogar,
repito que sólo he querido degustar el puente desapareciendo y
Usted que me corrige,
si digo robo, perdón exige,
si digo tirano, se rasga las vestiduras,
si digo cabrón, perdón y matiz etimológico,
si digo puta, perdón, matiz y una foto para sus puñetas,
si digo Soberano Hijo de la Gran Puta,

bueno, eso sí lo dije –mala mía– y
Usted que se manda a hablar del futuro y la seguridad
de las fronteras nacionales
de la Gran Aurora Revolucionaria entre casitas podridas,
yacimientos arqueológicos
cantantes de la nueva trova,
poetas nacionales –sementales de potrero–
líderes vanos y
afiches de jóvenes mártires
donde exhiben su mejor sonrisa.

Aduanero,
Cuerpos incensarios danzantes
ante el carrucho piden
devoración y mazacote,
yo sólo quise pasar por el puente y
hago esto porque me voy a morir
como usted,
como Usted también,
porque se ha creído con la autoridad de definir
el circuito de mis quereres,
el destino coral de los placeres,
los poderes mitológicos de mi culo
su ideología lúbrica,
hago esto porque me voy a morir pre-ocupado por el vacío
o sea
sereno ante la mar
oh mar
sereno ante lo que nunca fuiste
emerjo en el puente para implosionar tu puesto de vigilancia,
sonriente desde el saludo a Oyá: Jecua Jey.

Siempre pasaré por el puente,
Siempre estaré entre las islas,
Soldado siente mucho sin embargo el desamor enamorado,
obligado a la escama nunca capilla
el desahogo
Soldado no se ocupa del batir de las mantas,
como osara San Jorge ante el dragón de la playa La chiva,

tú Soldado
loco-loco pero yo tranquilo,
tras la vereda
         fugado
por el puente iba yo
         roto
         sonriente
sucedido.

El nómada

A mí que me echen un sato,
puede que hasta dos o tres,
jauría perfeccionada para mi fuga,
herida que ya merezco,
ver si en su desgarro coincido,
suelten las bestias les digo,
a ver quién de todos huele más
de esta cojobilla secreta
guisada adobado tramar.

Que me echen algo entonces
me cansé del rabito del ojo y
su silueta temblorosa,
marcando en la inmediatez
las ganas de no hablarle a esos vecinos
que nunca se callan,
que nunca dejan de comer,
que nunca bajan la música,
que olvidan bajar el inodoro,
me cansé de los zancudos eternos,
de sus picadas invisibles
cantaito en los oídos,
maldita picadura en las plantas de los pies

---
* 7 de febrero, 25 de abril de 1992, 19 de enero de 2004, 18 de julio de 2010, 22 de enero de 2012 y 24 de enero de 2015, Río Piedras y Silver Spring.

me voy rapidito lejos del maje que en la distancia recibe mi golpe,
se inmola y me escupe,
lo quemo campanilleando,
triste impasibilidad la de las creaturas de Dios.

Me voy,
avísenme cuando hallen de dónde viene ese tufo verdinegro
que libera las alcantarillas,
el silencio atorado en la luz de los domingos,
te digo que me voy pal monte
pal aeropuerto
contento en mi jaragual de hierro
cantándole mi canción al viento,
un cacique marsupial
crustáceo sin sancochar,
sin tesoro sin mujer
inmenso.

Título de propiedad no tengo:
SE VENDE/FOR SALE,
lo siento.
aquí ahora y allí me quito
no juego más a la campiña in-arada,
al quiosquito gritón,
al gobierno chiquitito
a la sana administración como esperanza y final,
sacude ese boomerang de nada y
su casita melancólica,
con su bandera o
el himno nacional o
el himno colonial o
el himno revolucionario o

el himno alcohólico o el himno del Banco Popular
en ritmo de plena por las calles de la San Sebastián,
cemí con ojos color melocotón
ya canta «Verde Luz»,
váyanse toitospalcarajo
no regreso
ni invoco
digamos que cambio de ambiente
                                      de dimensión
                                                            de cANAL.

Eso sí que nadie lo dude
voy en fuga,
perdido traiciono las mejores letras insulares,
me jarté de los periódicos o la basura
retintando de humores
(calamares sin babilla)
me jarté de lo que no supieron decir y de lo que intentaron decir,
harto del hato del señorito devoto
de su impermeabilidad ante el Caribe
harto también de la oficial bien peinada o mal peinada
que al pronunciar definitivamente la parábola definitivamente
obviamente claro está
de su ineptitud,
fuerte estereofónica televisiva bilingüe
imagina la consumación de lo Tremendo en su agendita municipal
o en la recitación de algún verso de Julia de Burgos.

Jarto de lo mismo disfrazado de lo igual
jarto de los mensajes de la GoberNación también
entre idiomas monigotes que nunca sabrán un carajo,
na, yo me pinto,

me largo así:
en el primer sendero de lajas que la lluvia me edite en la emoción
cojo la sinsora y me zumbo
pa las pailas del mismísimo carajo.

Olvídate de eso
me voy con la última hojita de papel de inodoro
esa que deja apenas ver el remolino y
mi segunda boca floreada de avispas,
harto de la mercancía a mitad de precio
Congelada Patria USDA,
como si me estuvieran haciendo un favor,
me voy jarto de tanto jíbaro hipercorrecto,
de tanto hipster folklórico,
—tremendo ser humano— con plaza en el Instituto de Cultura,
el Departamento de Estudios Hispánicos o
el Taller de Escritura Creativa en la Universidad del Sagrado Corazón,
me voy jarto de la moronidad periódica
arrastrando su uña por los comerciales y
hablándole con las manos a la comunidad
del estado del analfabetismo,
gerente de la elocuencia masiva
levanta las manos optimista,
eso es,
recibe pergaminos,
le mide la gandinga a los que se fueron,
escribe poesía conversacional,
es performero, vendedor de libros artesanales y
estudioso de la poesía del siglo de oro.

Si quieren
(pausa)

repito
os pido un galgo nada más,
pues no aguanto ni el pastizal verdoso,
ni la vaca atareada en su mascar,
ni el sapo devoto
o el perro muerto en la avenida
tranzando su heroica explosión en posición del loto,
no me interesa el interior corpulento de lo nativo ni
su pocito dulce machacando con las tres razas,
chacho deja eso,
no puedo más con la beatería de los grillos
cantando hasta que los fumiguen,
adonde me dirijo no existen reservas ambientales
ni la soberanía confundida con la impertinencia o
las bellas instituciones alternativas del náquená.

A mí que me traten de morder cuando abra las hélices
mis palancas,
mi quijada batiente al aire,
que tiren ahora su carnaíta
a ver que cae,
ni la sombra me sabrán,
a mí que me echen un sato
insisto,
que los espero y le subo el volumen a la campiña,
al casco de la ciudad murada baños de ruda deseo,
al centro del área metropolitana ajíes en su aceite,
una hoja de albahaca plastificada para ese culo que no quiere
forma de conejo tiene,
así nadie se sorprende,
cada cual se recoge en lo suyo.

A mí que me rastreen,
a ver si encuentran las aspas de ese viento que me embriaga
me impulsa y me vuelve fenómeno atmosférico,
ciego marisco agazapado de esferas
cariño indecidible cabrito fantasmal,
arcipreste de conchas en un solar de cascabeles
invisible langostino calamar
en el yermo de un continente,
Puerto Rico lúgubremente
nada como chillo estofado.

Ya te lo dije,
insaciable voy insaciado,
ni la sombra me sabrán,
a mí que me echen los perros,
sin ligaduras beso mil mesetas
asaetado en mi manglar de cilantrillo,
desplegado como untado a esa empella,
me guardan
arrozales que me frican
serenatas escabeches
a la plancha criadilla,
champiñón y choricillos,
langostinos cocolías un fanal:
a mi que me echen un sato,
ande
écheme dos
écheme tres,
a mi que me echen un sato.

Aguanilé

No es lo mismo un machete alzado por la mano de la estatua robusta
en la avenida recién inaugurada por el Estado Libre Asociado,
que aquel machete ante la eternidad de la caña,
como tampoco el machete de un vecino los weekends
enguantado en su nemoroso jardín
junto al cementerio lidiando con las enredaderas.

Ninguno remeda un puente
para uso consumo y olvido de la ciudad,
así advertir también quisiera que no es lo mismo un machete
                                                         / de corozo
en el cuello de un estudiante becado
en una Universidad de la Ivy League norteamericana o
en el cuello de una estudiante en chancletas
con la imagen del Che Guevara en su camiseta,
su entrepierna húmeda y
las «buenas vibraciones» del piquete insular.

No es el mismo machete junto a las sienes de una mujer llorosa y
esa voz que proclama: «ésto es lo que tengo para ti, hijadeputa».
No es el mismo machete –dicen–
que de manos compuesto los bailarines blanden
remedando a Oggún sobre la tierra,

---

* 13-14 de junio de 1995, 27 de junio de 1996, 21 de mayo de 1999, 18 de julio de 2010 y 14 de enero de 2015, Río Piedras, Providence y Silver Spring.

que aquel de madera abrillantada cargado por turistas satisfechos.

¿Serán coincidentes la utopía del machete
y el machete utópico de machito con bandera sobre librero?
digo yo,
de cualquier modo
consumido hoy el reino de las correspondencias,
no será igual ni a sí misma la arma junto a la máquina.

No busco el machete desaparecido
saturado entre matices,
de perdices residente alejado,
pienso en el de las estaciones sepultado.
En la pradera machete soterrado
Olvidado quedaría
para siempre
cenizoso.

Sobre el cuidado que se debe observar en las esquinas

1. La sal de las esquinas

En las esquinas de la ciudad,
agazapado y como quién no quiere la cosa,
reposa el residuo rancio de la gloria marina del Caribe,
sin que medie la luminosidad
su errar en ocasiones destroza itinerarios,
en otras permite cual parpadeo que se aprecien
las ruinas de su dominio perdido,
su ruina coincide de evidencias con la mar,
en ella y a pesar del tiempo o las marejadas que lo deshicieron
todavía se escuchan las pisadas sobre la arena de una antigua ciudad
que trueca en aceites y polvos la urbanidad de sus hombres,
allí entre escombros,
sedientos de tropezones y sangre,
entre pezones y ropas ajustadas,
se citan el azar y la mala sombra,
el desvelo y la premonición,
se invitan a ver quién pasa,
se invitan a ver quién cae primero,
los habitantes salen a depredar.

Hay días en cierta esquina santurcina
un ritualillo,
una juventud puede desmerecer su intensidad en un dos por tres,

---

* 23 de marzo, 21 de agosto de 1993, 19 de julio de 2010 y 14 de enero de 2015, Río Piedras y Silver Spring.

pues no todo junte es forma del prodigio,
si el círculo no late roto
entre las manos,
el saludo no unge a los comensales,
si no se escuchan voces extrañas
sedosos timbalitos entre la rueda,
se pacta con el ñéñéñé,
nacarile del Oriente es el jolgorio,
olvídese de los peces de colores –se puede escuchar–
en un mundo donde los vivos son sobrevivientes,
la esquina sutil recipiente.

La claridad ocupa la ciudad
transparente la espiral de un caracol marino
descansa sobre la esquina
donde un molusco se fundía gozoso el ombligo,
el caracol desdibuja el término de la escala y
sólo una corona bajo su lengua,
una burbuja de cal
lo ata al universo,
la mar era entonces un hermoso litoral de pasos
no evitaba el tránsito de lo ocular,
cobijada bajo el ruido de la ciudad la mar
extiende espléndida sus demonios,
remolinos, trombas de polvo y calor,
aquél no fue el día de la querencia.

Las raíces expuestas al aire del barrio
remedaban esqueleto milenario,
cariñoso pez de plata extinguido,
augurio terrible en el roquedal,

olvidado el sentido de los cantos,
una guagua desova el hastío y su melé
tristísimo baile es,
todo continua como si nada,
pero feo rellenito es,
pues depositaba membranas la marisma del mal,
desplaza del parque las señales del abrazo.

En otra esquina muda como el alga,
ruidosa como la esperanza,
inadvertido paso ante tanto presagio,
un cantazo estaba por recibir a manos de la dispersión urbana,
un cantazo perfecto recibiría yo,
a los transeúntes debe haberle parecido uno de esos tropezones
que crea el desnivel de la acera.
Desde entonces me viene a la memoria
lo que el Trucoso dijera:
en una esquina ciega por el alga,
distinta pero idéntica a la tuya,
tu amor ha concurrido,
rítmica en tu silencio,
menea desde la gracia su cuerpo,
un collar de nácar la contiene,
pero ese collar es mío,
ese collar me pertenece,
ese collar hoy se desgrana.

Tu amor jugará una sombra en su retirada,
digamos que se asombrará el mundo ante lo sordo de mi presencia,
tú llegarás a casa
ya nadie imagina que la tristeza se acuna en una sonrisa,

allí en ese archipiélago donde el dolor espejea con la mediocridad,
terrible signo dejaré desplegado,
sólo un viejo conguero podrá registrarlo
custodio que cree hacer su trabajo vendiendo cervezas,
óyelo que te conviene
oye lo que te conviene.

II. El conguero

Cuando el náufrago está por rendirse la mar
en ocasiones, cambia de humores,
compasiva comienza a fundirle distancias al silencio,
a ofrecerle notas al horizonte,
el náufrago piensa entonces que respira por primera vez,
en otro lugar convive su doble con la simpleza.

De regreso a la casa paladeaba mi cena solitaria
mientras el horizonte volcaba sus jugos sobre mi ausencia,
ninguna lengua cavernosa bembeteaba dones
instalada en la añoranza,
en mi soledad comencé a disfrutar de la breve perspectiva:
el casi jardín que crecía junto a la ventana,
allí me dio con saber lo que hoy repito y sólo entonces avizoraba,
mientras miraba la cavidad de luces que el jardín reproducía,
la esquina apiñaba un conguero,
su danzar se abría paso entre los hombres y su lejanía.

La mar sombrero en su retirada
vigía fruncido perduraba en mi sesera:
el viejo conguero en ese momento se presentaba,
entre el polyester y el charol le queda la piel y un aura pegoteada
al nombre,

la gloria de un exilio que le evitará el pago de los tragos:
Patato es nombre de papá para Tato
O nombre de una papa hecha hombre,
Qué piel esa la que decreta el silencio
entre aquellos que nunca supieron quién fue,
quién ha sido Patato,
pero hoy es un meteoro confundido con el encintado,
un niño feliz con un cobo en la oreja,
dueño de una sonrisa desubicada
intentará redomar la nave en nueva travesía,
querrá alegrar a los presentes,
saltará apresurado y alterno allí donde los oyentes bailan,
alejado del círculo de tumbas la buscará,
ella sonriente festejará su imposible linaje.

Un respiro ahora me aclara lo que entonces fue un aviso,
comenzaba la sucesión y lo dicho,
ella gobernaba un torrente que marcaba con precisión,
tranquila en su dominio disfrutaba retadora ante la salazón,
fija en este último rito muerto
el conguero ventea añejada pinga
diríase espiritual,
la mala noticia es que la Envidia lo acompañaba al caminar,
bajo el ala del músico flequetea de rencor,
la Envidia hacía acto de presencia vestida de otra cosa,
pero el conguero no fue la Envidia,
la esquina estaba feliz,
como en las caricaturas.

III. La gárgola

Ante la Envidia se siente lo que la majestad del tiburón no evita
cuando bajo su vientre se aloja la espera fofa de la rémora,
en el Puerto Rico de finales de milenio
la Envidia es esta gárgola consumida por el tedio
entre trabajos,
torpe repujo adosada a ningún templo,
vierte sus líquidos sobre sus propios ojos huecos,
entre los ciudadanos entorpece la conversación,
la Envidia una gárgola es,
desea y esconde la mirada,
deambula entre los cuerpos
adherida va y nada sabe de desagües,
simulándose verbena get together rumbita,
oh sabrosura del país sonríe mamerta su galanura
USDA o del patio,
la gárgola posa de amador,
esta gárgola a veces es un boxeador gago
fulminado por su estupidez,
un joven marido melancólico,
otras veces la falsa cadena egipcia que la incorpora
definitiva en el silencio.
La gárgola es una nada lugardenadie en el mundo.
En dos semanas irá presa.

La gárgola no sabe que es esclava,
su casita repleta de cervezas, juguetes y martirios,
a la gárgola le quedan muy pocos días
pero persiste en alegrarse en su rinconcito dulce,
posee allí doñita simbólica,
la machaca cuando le contradice las noches del jueves,

florece cuando la compasión le dedica bendiciones a la ineptitud,
como si fuera el músico y sólo es su sombra
la gárgola lleva la clave,
tiene su gracia y
con los palitos medio Morona,
babea entre sus alas,
esta gárgola quizás mercadeable hoy
segura pesadilla mañana,
ha podido asomarse a la visitación que es la amada esta noche,
esta gárgola es una criatura fascinante,
es una criatura de la culpa y del aburrimiento.

Mientras la mar me embargaba de encrucijadas,
nervioso ante el festín que me ofrecía,
me iniciaba en el silencio con objetos que nunca podré tener,
sudaba entre el recuerdo de una escena infantil
que logró fijarme el insomnio,
mi espalda fue una larga autopista que no conduce a ninguna parte,
recuerdo la procesión de las visiones,
nunca supe lo que significaban,
todas terminaron en una cansada playa repleta de banquillos,
entre azucenas como yolita insigne
me trajeron desde la tierna ceiba,
hasta la temblorosa entre canelas,
la bella intuición serena cual templa recién cuajada,
la mar colocada en el desvelo seguía su deletreo
como un mapa
corrientes y particiones:
ella disfrutará,
él pavoneará, oh chayote,
en algún lugar de la ciudad una doñita goza o llora,

pero la gárgola nunca volverá al señorío,
las ganas de ese tipo —coro hizo el tiburón que no sonríe—,
arrastrado también por la secreta ola al comienzo de la tarde
el tiburón moriría en una acera de Santurce y
nadie miraba su mandíbula extática,
un tiburón posterga con cada segundo
su dignidad oceánica y mi saber.

Así entre jureles y delfines
soy extranjero en la casa de los sentidos,
fluía otra presencia entre el aguaviva de la noche,
la mar de preguntas que entonces me asaltaron:
quién me cifra esta memoria silente,
quién me había asentado esta frontera entre los miembros
quién necesita de ese relato de dueños
quién lo arma,
quién abría esa quincalla y me quería untar con su manteca,
restregármela en el cariño y luego reclamar beneficios
intereses,
por qué necesito saber esto.

Ante marullo que acecha
irremediable proceder o armar mi espanto,
a mirar recio aquello que se levanta a mi diestra:
ya no es ventana ni jardín
sino los gestos del músico y los de la gargolita,
desde la simultaneidad encebaban un mástil como una cruz,
pero yo ahí quietecito,
inmisericorde la mar,
la buena mercancía yacía trepada en la sesera
palpándome los pulmones arrollaba el recuerdo de mi amor,

una y otra vez se camufló de piernas y manos
para que yo no la supiera, la muy danzarina había decidido
algo que nadie controlaba, mi amor era cogido
consecuentemente por los trucos del nunca iniciado,
trofeo fiel fugado para esa mano deprimida y
amarrada a la mismísima flor del desconsuelo,
sabrosa entre semáforos y letreros
entre la sonrisa plena que tributaba
mi amada escapaba de mi,
cómo debía de ser,
la señal se jugaba otra vez la levedad desde el menudillo,
el señorío ya no existía.

IV. La marea baja

En una esquina abandonada se respingaba mejor
la penetración aérea o
la grieta que es el tiempo bajo el in-gobierno de la mar antillana,
en una esquina ella no fue presa,
la envidia necesitaba su joya,
la prenda eterna que le robaron, mamá, y
ella sosteniendo su catarata de piel en medio del desastre,
pues ella no es el umbral irreconocible y
nunca te llevará la ropita, tété,
bendito, pápá,
pati no hay camisa planchadita,
la gárgola desdobla ahora la exactitud de su rostro,
la glande que es su mirada
concedió que le brillaran los sesos antes de desaparecer,
de cariño se le vieron hasta los pensamientos,
la gárgola quiso siempre su dotación personal de ángeles.

Hacia el alborozo y la libertad del ámbar descendiente va mi amor
experimentada frotadora entre sus carnes,
mientras
la criatura hace una rayita en la pared con su chorro de orín.

A estas alturas la mar ya había sacudido su sábana
sobre el casco de la ciudad,
un molusco
buen mensajero había escapado de la calle,
recogía los dientes de las fauces del tiburón,
certero llegaba a mi habitación con mil brisitas
su caracol descansaba sobre mi estéreo,
sin importarle mi desnudez
me silbó al oído éstas y otras cosas que apenas pude traducir y
sigo sin entender,
tomé mis notas justo cuando la sal en los ojos imploran un broche,
bajo aquella noche eso que me dijo el carruchito lo supe antes,
pero esa noche todo era disímil en el orden de las cosas,
todo caía muy mal en su lugar como en oleajes,
sabía a tambores que aguijonean el eco,
complazco los vericuetos del recuerdo.

Recuperado el sagrado collar que la hizo retirarse
más allá de la justicia,
la mar regresaba a su presencia costera,
devolvía a su lugar a los seres del alboroto,
antes me había obligado a besar por última vez
mis estampitas votivas,
a descansar los saberes del vientre,
a llorar como me habían prohibido llorar,
durante el sueño la habitación fue lumbre en el monte,

inconsciente entre ruegos bautizado zahorí y
nadie tocó a mi puerta y
nunca estuve más ciego para los vivos y
mi amor nunca jamás nadie apareció por estos lares.

La mar se pasea por la ciudad
regando con su palangana de cuevas
esas figuras que habitan bajo los párpados,
fósiles de luz que florecen cuando cerramos los ojos,
fósiles que se resbalan hacia la lengua blandos,
fósiles que nunca se están quietos,
la mar los abona con su gritería quieta,
con una cerbatana emballenada
a puyazos recortaron mi ausencia,
extraña fauna dictaba mi nombre mi apellido mi olor,
me había delatado ante mis seres queridos
la mar:
compuesto de cariños y obsesiones como medusas,
un minotauro que se mira el miembro,
encoges los hombros y sonríes ante semejante sirena,
peluda y torpe que se ahoga en su savia.

Todos tenían que desconocerme,
pues la mar puede robarse un oído en las encrucijadas,
en las confluencias de la ruta desfila una procesión de monstruos
que la tientan
que la alebrestan,
monstruos que ingenuamente uno cree enterrados en viejos baúles,
cuerpos que entierran su pie en tu pecho,
saberes que obligan a la humildad,
en las esquinas los muertos pueden fundar otro ojo

no hay manera de evitarlas,
la mar siempre llegará a barrerlo todo y
sólo ella sabrá cuándo retirar la esponja de la llaga.

Definida ya la geografía que ocupa la matriz que esconden ciertas esquinas,
no es sorpresa el desprendimiento de su cuerpo,
cuando ella truene no corra,
por más que se esfuerce no podrá alejarse,
agarrarse cuando se avisten las esquinas y luego dejarse ir.

En las esquinas todo puede suceder
pues agazapado y como quién no quiere la cosa,
medio monguito y vil
arruinado y ceniciento
reposa el residuo rancio de la gloria marina.

A la salida del cine: Un grafiti

Las putas no se parecen a las actrices que las representan,
escrito con un marcador negro al pie de un anuncio
de no sé que cosa,
alguien ya ha visto la película que acabo de ver.

Dudo de inmediato de la mismidad que merodea a estas putas
la distancia entre las actrices, sus putas y nosotros,
no sé por qué mi duda es asunto de mediciones y
dudo de quien imagina la carne puta o
jeroglífico,
sí, dudo que la carne sea jeroglífico,
nunca la confundiría con el mercader que la agobia,
untuosas como un residuo en el velo del paladar
sus carnes no viven en la casa de la estridencia
bajo sus axilas
no se guarece la limpidez,
incomunicante su frotamiento impúblico,
púbica su corredera
emparedada si marítima
sirena quisiera la puta
escribir ante el mercader.

Los rostros las putas las mujeres que las representan en su voz
constelaciones sin eclipses,

---

* 27 de octubre de 1994, 29 de enero de 1997, 17 de mayo de 2003, 24 de marzo de 2014 ,14 de enero y 21 de diciembre de 2015, Río Piedras y Silver Spring.

estas con ojeras
aquellas con pieles lechosas,
estas con pieles cortezas,
con pieles eléctricas las unas
con pieles especias las otras
específicamente tersas las que las interpretan
ojos de estiletes los de las putas
pringados lánguidos,
fulminantes aquéllos,
extinguibles en los templetes,
los partidos, la policía, los monumentos estos otros,
las putas en la pantalla sin sus ojos
sin su ropa interior
las putas en la pantalla
aniquiladas por sus dobles
homenajeadas.

Quien escribiera el grafiti estaba ebrio.

Sin embargo, y por si acaso, podría escribir
Los hombres que las pretenden se parecen a los hombres que las desean,
pues carne no es ajedrez que debiera llevarse sobre los hombros
como una deuda,
sacrificio sabrosito,
carne adicta a los besos de Narciso
ritmada por los titulares de la prensa,
tatuada por el ojo del Estado,
esa carne imagina una esfinge en cada esquina,
esa carne tiene el ojo del culo como todos los tenemos,
tras la perfección de cuerpos bruñidos editados
casto virrey, al por mayor,

la pregona vuesamerced
guárdeme ese pliegue ahí.

Estos rostros impresentables
con ojeras
aceites en la entrepierna,
de saludos parcos y blandos,
con pieles tensas
con pieles brillosas
con pieles en retirada
con pieles de ordeño
con pieles de estocada
con pieles cangrejadas
cuerpos marinados
injertos en su eventual maquinaria,
ojos de estiletes esplendentes de sombra
apenas vistos en las penumbras de las esquinas.
Las putas me abren ahora sus abrigos y
olvido casto la película que acabo de ver.

La putas incluso desnudas
se parecen demasiado a este temor
aceite y compañía de sus recintos.

Falsas rimas insulares

Qué puedo decir hoy ya
que no dijera un cabrón,
bestia de cuero jamón
de tragedia predecible,
Edipito en su corral,
extrañísimo turpial,
emisario comestible.

Lengua que ante las masas se orilla
Su-culento deletrear,
imposible maravilla
que en la noche puja más,
nunca cede su bombilla,
ni a la Doña baberito,
ni a esa Otra mazapán.

Qué decir que no haya dicho
de la gloria Don Cortejo,
de letrillas o su bicho
colmado ser Míster Piélago,
el reguero de sus días achacáselo
a su padre –gran mojón
piedra estridente entre libros
so pendejo cara-e-culo
mamalón.

---

* 27-28 de febrero, 7-9 de marzo de 2003, 18 de julio de 2010, 14 de enero y 21 de diciembre de 2015 Silver Spring, Maryland.

O la mujer que lo abandona,
haber nacido sin Nación
herencias ni tutelajes,
piedras que en la noche no pueden
mole maíz sensación,
sólo sabe
armadillo
ser legión,
seguidores no me siguen,
cómo hincha este bufón.

Qué se podrá decir que no me lo gane el oro,
fo tribuna, cementerio
hueco en el festival,
cal y canto gargaritas,
las lagañas cultivar,
en la espera un cocimiento,
poco o todo resta ya,
allí me pongo,
allá voy,
sólo me queda apagar.

Ya sin brillo me recojo,
sólo me queda gaguear,
ni decoro ni suspiro,
ni cotorras pececillos,
pulpo casi gorgojo,
nada presto entre montañas,
privado bollo me extraña.

Un mosquito en la garganta,
un cangrejo en la sabana,

¿cómo acentúo traquetear?
laberinto de jureles
jicoteas enlazar,
nada es lo otro que no mira,
ahí la mierda acogida
en la risa yo inclinar.

Qué puedo decir yo
que ando con otra marea
zurra amorosa tarraya
lengua amorosa cojea,
mi pena cárcel de menta
en la isla
esplendente
nunca fue,
monstruo que muere en la sombra,
mis guerreros no se amoldan
al eterno bamoabel
de la arquitectura riqueña,
tampoco mucho deliran
y el corillo: ñéñéñé.

Qué es el tiempo
en esa casa,
pavimentada sonrisa
boricuita no acabar,
ñoñería sin un nombre
donde la baba se aburre,
medianía sin su nombre
donde la caca se aburre y
el cielo no quiere pasar,
piñitas iluminadas

qué si la gloria se pudre,
qué largos sus asesores,
garrapatas del palmar.

Un abanico de aviones,
caravanas sin solar
pido grandes libaciones,
irme ante los ciclones,
con ellos ciego mudar,
sólo rumiar camarones
alacranes pastelones
con el viento
parpadeo galeones
lomo cabrito alazán.

Qué puedo decir yo
tartamudo
que la miopía reinvento,
retollado aparatito,
invencible cansadito
ennotado
sigiloso
calamar,
en la penumbra que queda
extraño paisaje inventar,
el mar que amarra los cielos,
la ceiba que riza la casa,
en la sombra cuatro calles,
la docena que verá el día
sin mis ojos el manglar.

Guarnición

Llueve como si fuera la noche,
la lluvia es la inscripción del torbellino
que la isla graba en las paredes,
la lluvia no es
no ha sido aquí
no acostumbra ser humilde,
en esta latitud,
en este aguacero
revela la estación del huracán,
la nuestra la no ocasional.

Llueve mientras miro colmenas emerger de los árboles,
abejas comején avispas revolotean
entre aceras y automóviles,
la esponja sus antenas la corrosión desligada,
llueve y es el fracaso de los caminos,
los paraguas lo intentan,
los transeúntes descampados recuerdan congregaciones de aves,
insectos acosados,
manatíes acosados por los bañistas,
los jardines se arropan con los manglares,
los manglares los visten de anfibios y ramilletes.

Llueve como si fuera la noche,

---

* 22 de agosto, 8 de octubre de 1997, 18 de julio de 2010 y 15 de enero y 20 de diciembre de 2015, Río Piedras y Silver Spring.

espero la misericordia de la nada,
mientras el desorden se derrama en mi cabeza,
tubérculo herido desconectado
su agua y su roce.

Cuan lejos está mi almohada.

Siempre Ciempiés

Enemigo tú: Gongolón,
cuando de madera acercas
para que me sirva de asiento
taimado don escalón

Capricho el tuyo: Ciempiés
que malgastas la librea
cuando ojeroso ante libros
se te caen los elepés

En dos patas tambalease Ciempiés,
–ñángotese– dice raudo Gongolón,
–leche, arrocito– pide y aúlla Ciempiés

Nariz que se hunde entre las páginas
se agarra el bulto,
el mismísimo se da lengua

¡Coño! persistencia tuya: Gongolón,
bollo comisura y dragoncilla,
gallerín repesa escudilla,
nada cabe entre nosotros,
nada serpea entre bajeles
echapallá don babeles

Enemigo tú: Gongolón.

---
* 18-19 de diciembre de 2012, Silver Spring.

Umbra

Hay (tiene que haberlo) un hoyo negro sideral en el que pierdan
los recuerdos, en donde inventen formas nuevas de una decadencia
inaudita, un hoy (no en la tierra) en el que todo el que no sea
abeja no tenga que ser aberrojo, en el que no sea
araña de mar sea cangrejo de viento, en el que ninguna norma escrita
se interponga entre mi «realidad y el deseo»

                    Manuel Ramos Otero, «La nada de nuestros nunca cuerpos»

Cangrejeros

La corrida

Pregúnteme cómo estoy cuando alcance el ojo de la tormenta,
cuando sobre el ojo del huracán descienda
sólo entonces
proceda con las preguntas:
con el qué tal, cómo se encuentra,
cómo le va
cómo está la familia.

Cuando envío y arrebato confundan
al juey mayor con la diosa de los vientos,
ahí avanzo de albas bonito,
allí retrocedo de cuevas hambriento,
pero mire y atienda bien
eñangótese lívido ante el grano
espere,
no se deje confundir con la descripción del cardumen.

Cuando sienta mi presencia
cangrejo custodia los suyos si el viento airea,
entonces hablemos de la familia y de los asuntos de hoy.

La invisibilidad de la lágrima bajo la lluvia es su fluidez,
Manuel Ramos Otero ha imaginado «el sudor de las sirenas»

---

* 28 septiembre de 1992, 12 de abril de 1995, 15 de mayo de 2003, 14 de noviembre de 2008, 18 de julio de 2010, 27 de mayo de 2014, 15 de enero y 21 de diciembre de 2015, Río Piedras y Silver Spring.

como la forma del mar y
este carapacho alzado parece pero no es,
le llamaban cocodrilo sin cuerpo,
hombre sin cintura,
cabeza con patas,
pero brazo es mi boca de cal y
al deslizarse en mi mirada pule una prenda,
la pupila es el encuentro con el engaño,
lo mineral aquí es una condición atmosférica,
un ojo grande sobre un ojo menor
sin rostro alguno,
un ojo menor fagocita uno mayor
mis extremos lamen la misma avellana.

Pregúnteme allí cómo andan las cosas,
hablemos de la movilidad,
cuando repose en el ojo,
propicio el momento será para saber de mi salud,
prevenido en mi devenir no quisiera que se pierda en la descarga
de piedras y avenidas,
todo está por comenzar.

Cuando las brisas me desatiendan salude y detalle
lo que hace presto el huracán,
ahora que no excede la luz el misterio de la ciudad,
ahora que todas las cuevas se inundan,
ahora que lo mira todo deteniéndose
en mis pámpanas con sus diez nódulos,
extienda la mano
no tema diga: (h)ola y haga así ( ) con los dedos.

Entre nudos y humores
bajo la lluvia y el recuerdo del maíz,
el fruto de la palma gotea un alivio,
el cangrejo es sierpe entre dos muslos
a veces calamar de piedra,
a veces
el cangrejo reto de lo cuantificable es,
chocha agraviada en su belleza
traba su número sin pensar en la grave
prohibición de las sacerdotisas,
reina rumba maquinaba algo tremendo allá en el manglar,
así que recuerde,
dos bocas:
un lago,
acerque el bolo a la hendidura,
una geografía lame y
endurece la misma avellana,
no tema diga: ola como si me conociera.

Se lo repito ahora con calma,
pregúnteme cómo andan los amigos
qué hacen, si los he visto,
qué hago,
hábleme incluso de política,
cuando traiga la ropa y los cascos húmedos,
cuando el ojo guiñe su deseo,
cuando la constelación delate su coral,
araña de mar dentada,
caparazón parpadeando su desaparición,
tromba sumergida en la marisma temblorosa
ya chorrera que levanta el otoño,

ya coño y manglar,
ya perdiz sin estepa,
ya señal del celular,
pregúnteme la hora si gusta,
carajo,
averigüe los secretos que esconde el nombre de la caribita,
hábleme luego de su vida,
de sus aventuras.

Recuerde la señal
un ojo grande y otro menor,
entonces ningún órgano nos es común ni nos distingue,
nada heredará lo que pudiera ser la similitud isleña,
nada idéntica a si misma la isla de la nada,
el huracán es un cangrejo de viento y
el viento es lo que queda,
el juey es un huracán de mármol hueco,
¿el huracán?
el hervor de la arena,
el estornudo del planeta,
ojo que de su casco se deshace,
guardarraya en las vegas y las galaxias,
poética móvil con un ojo sordo
con un ojo ciego
desubicando los sitios de la arrolladura y el tormento.

No lo olvide
cuando encajen cal y onda,
cuando la cueva sea submarina,
y sobre los vientos disponga el cangrejo su vestido de dogo ciego,
cuando la sarta sea inevitable,

allí y solamente allí
pregunte
cómo estoy
cuál es mi nombre y
hacia dónde me dirijo

¿Es esto lo que deseas?
¿Es éste mi lugar?

Día antes

Bajo la arena compacta y agria del manglar,
los cangrejos en sus mónadas
sus negras bocas abren,
casco sobre casco
doble vacío
palanca y labios prensiles,
diente sobre diente
pinza sobre pinza
labio sobre ojo,
nada saben de la secuencia de criaturas colindantes,
horadada la tierra por los crustáceos
comparten sus ductos con la cablería de la ciudad.

Inmersión compartida
ojo lamido por el labio y el diente recuerda su maíz,
la red de vibraciones en los corales de las hembras,
el coitre que olvidara la cabra o el jabalí
junto a la unidad de aire acondicionado.

Bajo la arena compacta y agria del manglar
los cangrejos ya no ven,
una corriente recorre sus cavidades,
baja frecuencia percusiva bizcochera,
deciden salir a la noche excitados,

---

* 14 de enero de 2002, 8 de marzo y 20 de mayo de 2003 y 12 de junio de 2014, Silver Spring.

todo se les inunda,
ellos son la inundación,
pámpanas abiertas bajo la lluvia,
lengua sobre la lengua
tórax sobre verga o carapacho,
triple vacío
pámpana sobre pámpana
patas trituradas,
las luces de esos autos ya no se acercan.

Narciso y su jueyito: momentos antes

Una espiral inadvertida recorre su cuerpo,
crustáceo opaco casi molusco,
inadvertida como la leche en la nevera
la serpentina cuaja un tembleque de acero,
Narciso nada sabe de la doble noche fabricada,
nada que lo empoza
nada lo conserva en la oscuridad.

Espiral sostenida en su traslado,
rotación que engendrara desde el principio
el vacío que la huracana,
la espiral se le manifiesta en los remolinos de la cabellera,
en los caracolillos del pubis,
las cicatrices que son su cráneo y el dedo gordo del pie.
Narciso toca su imagen,
teme mojarse.

Hornilla de piel a la que se mudara la nariz,
lunar sin mancha recuerda el tiempo,
Narciso ya se alejaba de su estancia sumergido.

Extraña palma aquella que cobija al estanque
ajorillo que lo reclama —diente sobre labio—

---

* 11-13 de enero de 2002, 20 de mayo de 2003, 27 de mayo de 2014 y 16 de enero de 2015, Washington D.C. y Silver Spring.

va en puntillas
parece detenerse

cataplún.

El convite o de la inmortalidad del cangrejo

Ha invitado a un amigo a la zanja de los secretos,
tardecita clara con ventolera,
lo ha llamado para que conozca la única herida abierta
que el archipiélago guarda en el vecindario,
la mar ausente gracias a la arquitectura del Estado Libre Asociado,
le ha dicho que viniera con los juguetes de siempre,
él acompañado por su mascota.

En medio del área metropolitana
su padre construyó una jueyera,
fue un regalo de bodas –dicen–,
allí desencaja el aburrimiento cuando se va la luz
y hace del entusiasmo por una cena
el calendario de su felicidad.

El amigo no llega aunque
la luz estalla en los techos,
camina hacia el patio
colinas no hay,
un caserío alejado apenas
exhibe una hilera de mangós.

Ya se acercan a la nave,
se le aprecian los respiraderos reforzados con varillas de acero,

---

[*] 18 de diciembre de 1991, 28 de septiembre, 14 de noviembre de 2002, de junio de 2003, 13 de enero de 2004, 18 de julio de 2010, 30 de marzo de 2014 y 16 de enero de 2015, New Haven y Silver Spring.

dobladas están
casi pandero,
el amigo pregunta con su cuerpo si hay peligro.

Aspira luego
conversan
son palabras sobre la fuerza del crustáceo:
opone su cuerpo entre el acero y el cemento,
tensa casco, palancas y patas,
mineral octosilábico
titán sin tamaño,
le encanta escapar,
no viven en manadas,
minucioso minutero relampaguea en la noche de la enemistad.

Antes del desayuno sus días comenzaban con esta relación:
el conteo de las presas,
cuando escapan la ansiedad perfecta del hijo,
la pérdida,
la imagen insoportable de otro devorándolo
sin haberlo cuidado o
el que aparece aplastado
aterrado en la avenida,
el desafío de dos palancas alzadas en la sombra de una marquesina,
todo agujero es un laberinto,
todo desagüe Montesinos,
la angustia sin fondo
mientras el carro le conduce a la escuela elemental Julio Sellés Solá.

Luego de la abrir la puerta
allí están:
lentos programados casi

directores de orquestas
simultáneos en su parsimonia,
parejeros en el estorbo
aglomerados
se defienden o se destrozan,
el cautiverio les toma tiempo,
tiempo muerto que prefigura el cocimiento.

Regios más tarde
depositados entre el coitre,
dos rendijas de luz apenas recortan su fijeza
sepultándolos en una arena invisible
que suena pero no se oye,
que se escucha en sus olores,
algo difunden entre nosotros
en sus posiciones
a la espera expectantes.

Los nervios del hijo son una criatura enredada con la luna,
desprotegido
como una lapa que se lame el sexo
siendo su cuerpo su lengua.

¿Qué comen?
Coco: la pulpa del ojo de la palma, no ha dicho,
oro precolombino, no entiende,
maíz en el cascanueces de sus bocas: papaya, guineo
le recuerdan a la noche quién es su dueño,
en la noche relojeros de grasa,
tanta furia precaria para una cena,
tanto lujo de cementos para el final de otro siglo.

El día del festín la familia se reúne alrededor de un borboteo,
son sacados uno a uno,
no hablaré de su electricidad desesperada
como fulminados se hunden lento
parcos en el hervor,
con el cebo de los días habían mostrado su mansedumbre,
de ese modo ya no estarán entre nosotros.

La zanja que los cobijara es largo tokonoma donde ellos ya no están,
la zanja ha sido el espacio donde el hijo los alineaba
pimpos brillosos incapaces de alguna carrera,
un rosario inmóvil en el cerquillo entre la casa y la grama
escribe: ya están.

En el litoral pocos recuerdan cómo escalaban las palmas,
pequeño comensal que los ata y desata y
ha pasado demasiadas tardes fijo en el sopor de una mirada
cuando ya nada intentan,
doce apóstoles dormidos en la ebriedad,
sin párpados nada dicen
nada quieren nada pueden hacer,
no escapan.
Los jueyes se limpian los ojos con los labios.
Sus labios son dedos son antenas son brazos.

Casi no, lelos
el amigo y la sarta se repliegan,
apenas pueden ante aquellos ojos sin pupilas confiados al vacío,
se hace tarde
las madres llaman,
los amigos apenas cruzan palabras,

se despiden,
el cangrejero los devuelve al corral,
la tapa muerde su noche fabricada,
burbujean y no celebran con sonrisas
se asoman a lo que nunca fue un batey,
nos vemos —es un decir.

En la casa la televisión encendida,
la familia esboza en sus gestos un gusto antiguo
inlocalizable,
con su cabuya entregado,
en babia
el jueyero cree saber algo,
como caído entre coletazos un cuerpo menor en el fregadero
insiste en hacerse de una caverna,
el agua ha comenzado a hervir,
la familia por un instante nada comenta,
son los últimos días del asedio y del amparo.
Este es el último broche que abrillantara el manglar de la isla.

Nada nunca hubiera pasado
si hubiese desatendido el rumoreo de estos prisioneros,
no los podría haber soñado,
siempre cercanos supremos
incapaces de una caricia,
mis adorados cangrejos
la escucha de mi silencio
amadísimos jueyes irredentos.

Como para devenir tritón

Como para devenir tritón
Carey pletórico
Buda sin eternidad
Mazacote de los vientos,
debo besarte
La comida acoquinas.
Me llenas de ojos
este embudo averiado
agujereado
donde se entrevé el mundo.

Como para devenir tritón
la lengua durante la comida
es la puta más codiciada
que abriera mansiones en altamar.
Como para entender
que todo es oscuridad y
que su lucidez es resbalosa
pringosa, dulce, amelcochada.
La oscuridad será fruto del mar.

Como para entender
que todo sucede como navajazo
frío explayado sobre la carne,
roja amenaza tu labia,

---

* 9 de mayo de 2013 y 24 de enero de 2015, College Park y Silver Spring.

ancla en un ensenada
se dilata como un crico.

Como para devenir cangrejillo
octogenario
nonagenario
las palancas quieren alas,
dromedario y rinoceronte clavados
infinito lo que no saben los inmortales.

Como para devenir tritón
falta que la falta no diga adiós
que nunca esa sonrisa se te olvide.
Infinita como lo que imagina el paladar.

Mudanza

Cambio de hora

He vuelto a la zona donde el invierno fija su reloj
sobre la misma luz de las cinco de la tarde y
un pez bajo el sol no centellea,
aquí evita lo del péndulo o el bochinche,
ahora me cobijo entre los ojos de mis hijos y
el cuerpo de mi esposa,
saturados de enjambres en comidas navegamos
hacia la posibilidad de lo que no avizoro,
vivimos suspendidos sobre tiernos zocos de maderas viejas,
confiamos en la efectividad de los enseres,
la programación diaria ensarta nuestras miradas
las risas los cambios de ropa,
el chocolate caliente,
el gozo allí pareciera un evento.

Entre aromáticas tazas de café
ciegas por su secreto
Triunfantes,
encaminados hacia la nada
como los grandes adjetivos,
se suceden los rostros del vecindario.

Frente a los ventanales no se anuncian lluvias ni inundaciones.

---

* 22 de diciembre de 1998, 28 de abril de 1999, 22 de septiembre de 2002, 27 de febrero de 2007, 10 de junio de 2008 y 24 de enero de 2015, Providence y Silver Spring.

La ardilla

Todas las mañanas desciende de su árbol centenario
La ágil.
Todavía no despunta la claridad y
ya parece sabia en su rastreo,
triangula el terreno que la sombra hiciera,
rastrillea sus dominios nerviosa.
Topógrafa.

En verdad nada sabe,
marsupial enfermo miope
recrecida rata ornamental,
en un mundo minúsculo
se orienta con el olfato
ni ardor ni ardides posee,
el halcón la lleva viva entre sus patas
mi perro las espanta de nuestro patio,
sólo una ocasional dosis de pánico
le permite relampaguear y morir
bajo las ruedas del auto.

Entierra semillas en el otoño y luego las olvida,
con sus cachetes llenos
hocico informe
pez que boquea,

---

* 22 de septiembre de 2002, 30 de marzo de 2014 y 24 de enero de 2015, Silver Spring.

cruza la calle babeándose.

Invisible,
al atardecer puede hallársela
escarbando el mismo lugar de siempre,
nerviosa otra vez
derrotada
como si hubiera perdido algo.

Invierno entonces

Esta tarde pequeña de luces
retirada ya a su desaparición,
la insipidez la distingue,
me recibe con su brisa
oscurecida en los termómetros
descuidada en el calendario.

Sin embargo premonitoria
ha sabido ponerme en ascuas,
carbones sobre trineos
trineos sobre follajes
danzantes sobre escarchas
que son hojas que son ladrillos.

Una chimenea que ha sabido esperarme
al doblar del día insinuada insistía,
mi hijo, mi hija y la mujer con la que soy otro sonríen y
me recuerdan que sólo es el viento de las estaciones.

Amarras que son lianas
ojos sobre guindas
garabatos por doquier
mi azoro ante la soledad concurrida y
ellos que sonríen si toco con dos dedos la ventana.

---

* 25-27 de octubre, 16 y 19 de diciembre de 1999, de junio de 2003 y 28 de enero de 2015, Pawtucket, Providence, Chicago y Silver Spring.

Visión en Maryland I

Agobiado por el ruido de mis preguntas,
la tempera de las deudas recogidas en el buzón,
sueño con eñangotarme frente a una empalizada.

El sol en mi espalda baja pudiera, tal vez,
sostenerme,
apenas el tejido de su calor me tendría,
canto entonces con cascabeles y maraquillas
ante unos dioses que esperan mis palabras,
la brisa se recoge sobre mi cabeza y
el vecindario que nada sabe, a veces,
me saluda.

---
* 22 y 25 de julio de 2001 y 28 de enero de 2015, Silver Spring.

Visión en Maryland II

Despachadas las preguntas,
las deudas extendidas hasta el próximo mes,
ya me eñangoto frente a la empalizada de cedro de mi casa,
el sol en mi espalda duplica el calor de mi asador,
Cheo, Celia, Lavoe sazonan mi felicidad
y esos dioses siguen sin decir palabra alguna,
el sabor de las cervezas recuerda las bodas del Leviatán,
mis amigos y mi familia son una sonrisa cosida a este litoral,
la brisa se recoge en el arce japonés recién sembrado.
El vecindario que solo imagina, a veces,
lo que la música le permite,
me saluda.

---

* 24 y 28 de enero de 2015, Silver Spring.

Verano

En el verano devengo ovillo de letras,
Bronceador en el escaparate
protector solar.
De ahí la mano sobre la nalga,
bulto tenso baboso.
En el verano trasteo los botones de la memoria de mi celular,
La brisa sobre la cama se comprende,
Escucho los truenos sobre la ciudad y
una caja de vientos emerge cuando el vecino cierra su carro.

En el verano proliferan las siestas habitadas,
las ventanas existen una vez se abren y
La televisión prolonga su anillo –la muy sucia–
Aumenta en algo el pago de la luz.

Voy más seguido al cine
visito a mi madre,
Planeo viajes con mi padre
a desenterrar cepas en el campo.

En el verano la música lubrica el óxido,
Fumo con ella,
Curo mis mejores sartenes,
Contemplo lo que nunca será.

---

* 7 de junio de 1996, de junio de 2003 y 24 de enero de 2015, Río Piedras y Silver Spring.

Exhibición pequeña

Por escapar en gracia de su rostro
me mostré madrépora
leche sonrosada ante su mirada.

La estudiante sobre el libro
insospechaba
cual jalea
segundas branquias crecientes ya van en su sonrisa.
Profesor que en la sombra cual fantasma
enhebrándola
camina alejado
alelado
vaporoso
cual delfín.

---

* 29 de enero de 1997, 3 de febrero de 2007 y 24 de enero de 2015, Río Piedras y Silver Spring.

Noticia de la oscuridad

En la cavidad regalada por la noche,
en el dormitorio bajo las sábanas,
unas mejillas dialogan con mi muslo,
cachas candorosas en su pudor nada comunican
pero hornean mis ojos
fijos ahora en el techo que no distingo.

No es elocuencia la de la espalda de mi amada,
pequeño hervor que desdice el deterioro del insomnio
y se prepara a agujerearlo
un tanto mejor que la miopía,
quisiera entonces salirme de mí,
como un astro familiar entre esa penumbra reptar,
socavarnos,
palpar su inmensidad cual colmena entre edificaciones.

---

* 26 y 27 de agosto de 1999, 17 de mayo de 2003 y 28 de enero de 2015, Providence y Silver Spring.

En su tinta

Mis hijos acostados en mi cama
desaceleran el tiempo de mis pensamientos desordenados,
la nada de mis preocupaciones,
las observaciones sobre mi nunca esbelto cuerpo,
mis cavilaciones hueras ante el espejo.
Cuando digo lentitud no he dicho pereza ni silencio
sino la resina y la gruta maridados con el café.
El silencio comprimido que acompaña el despertar de una idea
se apodera de los movimientos de la casa
al verlos sonreír mientras duermen.
Entiendo entonces las entradas marineras en las bahías.

¿Dónde estaba sumergido este vórtice de cuevillas y cisnes?
Dormidos los contemplo mientras desvisto la noche con mis ropas.
El triunfo es ejemplar como pulpo sereno de camino hacia su sombra.

---

* 28 de octubre de 1998, 18 de marzo de 1999 y 28 de enero de 2015, Providence y Silver Spring.

Elogio de la cáscara

Entre metido el cuerpo de su exposición
la cáscara es asunto de los reinos entre medios,
altar brevísimo que ya se casca
resguardo apenas para la pulpa que dice guardar,
resiste para después abrirse sin pudor,
resiste para no tener que resistir nunca más.

Raspadura menor que orienta los sabores,
escama casco coraza
dispuesta concha cogida en el golpeteo,
con la eternidad enemistada
dentro-metida
metid(a)dentro
entra por la salida
sale por la salida.
Desaprendida
musa enferma.

---

[*] 8 de septiembre de 2006, 9 de junio de 2011, 22 de enero de 2012 y 28 de enero de 2015, Silver Spring.

Baño de Gustavo

Sentado en la bañera con las aguas hasta la cintura,
el pequeño Buda trenza su archipiélago,
loto parece pero lo delata el enamoramiento de las aguas,
pulpillo de crema organiza los juguetes que flotan,
el sentido de sus voces y sus itinerarios tantas sonrisas,
un salpicón me lleva allá.

Ante su concentración desnuda sólo puede la embriaguez
que debe sorberse luego,
las palmas un rinoceronte una mejor regadera,
el encuentro de nuestros ojos
su mano en mi barbilla dirige mi rostro
hacia el tesoro de un océano concebido
entre sus piernas y un dinosaurio.

Yo no he sido nunca este fragor sino ante mi carne
que extrañada en el retozo de mi hermoso príncipe
ensaya la soledad de los mejores castillos de arena.

El señorío del ruido me fue entregado allí,
en medio de enchufes, pantallas y cables: un extractor,
por la ciudad hacia el mercado irá nuestra comitiva
en un compacto japonés que nos evitará el brillo.

---

* 28 y 30 de marzo de 2000 y 23 de junio de 2003. Sobre el Atlántico, Santurce y Silver Spring.

Un reino submarino desaparece por el desagüe,
mientras mi hijo me echa los brazos,
lo elevo
lo cubro con una toalla,
lo beso
los tiburones inclinados nos saludan.

Sueño de Daniela

Mi hija al cerrar los ojos evapora el rostro,
los párpados le sonríen al ceño de su madre,
mientras su cabecita anida entre almohadones,
pequeñas lomas anuncian del padre su secreción.

La corrida de sus rasgos entorpece la orilla de cualquier detalle o
el caudaloso río que me sumerge en la contemplación
de una familiaridad que en la lejanía ya no es,
como en la caverna apenas inhabita la joya la luz anunciándose.

Un brazo extiende bajo la sombra de su milagro,
princesa que espera en el contacto el hallazgo de sus dominios,
la certidumbre es un remolino de telas y
los humores de la amada y el esposo
respirantes ya la reciben.

---

* 15-16 de diciembre de 1999 y 23 de junio de 2003, Providence y Silver Spring.

Rezo

Esta es la última vez que me dirijo a ustedes:
Concédanle larga vida
como el ojo en el trazo de la noche,
lejos de la salación ahuyentados cúbranlos,
hacia allá lanza
la estampida diáfana,
pues en la luz no hay regocijo.

Háganmelos longevos sin espera
nunca seniles en mecedoras al atardecer
tras las rejas del balcón —abanico eléctrico entre las piernas—,
ni el olor rancio de los armarios,
ni la idiotez de conversaciones
que nunca lo fueron lo son ni lo serán.

Perdurables
eso sí
como el instante de una ráfaga sobre el cuerpo
que se detiene goloso a habitar su humedad.
De quietud sus cabezas bajo la ducha cólmenlos,
sonrientes junto a mi sazonar los trozos de carne,
en el adobo acoquinados vayan
mientras llamen a los comensales.

---

* 8 de diciembre de 2001, 6 de marzo de 2002, 30 de mayo y 23 de junio de 2003 y 9 de enero de 2015. Silver Spring.

Háganlos diferentes
distínganlos de mi presencia,
criaturas de la holgura y el reposo.
Denle la alegría que aparece en sus bocas
cuando degüello al animal,
pues en la noche con su madre
obsceno amasijo entre ustedes he sido.
Háganlo ya.

Don de estilo

Mis días se han vuelto sagrados,
nada lo pudo evitar,
sin corolas nimbadas,
sin apariciones traslúcidas
vivo a la sombra de una brisa
donde la posibilidad del misterio de su cuerpo y
el trazo del animal que teje su desaparición en la arena
se confunden.

---

* Abril de 2004 y 13 de febrero de 2005, en el aire y Silver Spring.

Playa de Montones

A la playa se llega por un corredor de cemento.

Entre el recuerdo de un paredón
el calor y
el mal gusto de ocasionales maestros de obra,
con más prisa que dedicación,
lo que fuera vereda
bajo almendros y palmas,
ahora es concesión
a lo que nunca
jamás
volverá a ser una vereda.

En la entrada se levanta obsequiosa una pirámide de basura,
signo del pasadía de bañistas que al retirarse nunca se despiden,
regresarán la semana entrante y se acomodarán
sonrientes entre los escombros.

Dos perros satos
Sarnosos
Legañosos
(los mimes tienen hambre)
se resguardan del sol bajo un carro,
tres escalones guindan sobre la arena.

---

* 26 de julio de 2008, 9 de junio y 31 de octubre de 2011, 22 de enero de 2012 y 28 de enero de 2015, Isabela y Silver Spring

El paisaje se dilata magnífico como el olvido,
este mar es la espalda de un deseo que nunca cesa de alzarse,
horizonte que desconoce la quietud de su verdura,
ahí está
echándole en cara a todos su potencia,
recamando la ineptitud de los exaltados.

Aquí, sin embargo,
los bañistas insisten en sus querencias,
¿quién lo diría?
un cerco de edificaciones en discordia con sus diseños
remata las espaldas de los cuerpos que se asolean,
la gran sombra de la cordillera es también un dinosaurio transeúnte
lejano
camuflado entre las sombras,
entre rumoreos la cordillera se levanta como un titán oscuro,
mar umbría que no centellea ni espuma en tierra adentro,
hogar perdido
donde un cíclope y un bisonte juegan a tocarse el sexo.

La esperma del ruido bloquea el cuerpo de una asamblea,
adormecida agitada sin horizonte
deliberadamente propensa a la nada,
¿por qué se nos niega
aquí
un paseo o un litoral,
por qué nunca la apertura de la costa
vayamonta los arribos,
vegabaja los huéspedes?
¿qué evento desatará aquí la duna de menta
la de las conversaciones?

Es la proximidad y el asalto de un más allá
que algún MentirOSO ha prometido
baterías y garantía incluidas,
el escándalo que no se aprecia en los carteles,
ni en la recurrencia desigual del oleaje,
ni en el horror de ese tío obeso que se incrusta la careta de buzo.

Es la mentira fabulosa,
pringue labia, melaza, ciempiés,
luego estela marina tal vez
fofa alegría que desaparece
como desaparece una botella de cerveza bajo las aguas.

El profundo hastío de no sentir más que esta fiesta,
destino único
caricia tremenda de la intemperie,
la bolsa de plástico se enreda para siempre en el viento que la eleva,
amarrada está en el árbol
en el cercado como una bandera.

Ebriedad dueña de su chiquero,
turismo entre corales y maravillas.
La envidia de la multitud
ante esta hermosura,
sin contestación.

Cuando

A Eduardo Lalo y a Noelia M. Quintero Herencia

Cuando desaparecieron las bicicletas
algo comenzaba por el final o
entre ambas palabras sólo existen las palabras
que gustan de aparecer en los linderos,
las reiteraciones que nada concluyen

por eso las bicicletas
de seguro desaparecen no cuando descansaban sobre el stand,
sino bajo la sombra quieta de una marquesina,
húmedas todavía
tras ayudarme a vencer en la carrera a la lluvia,
dejan de estar entre nosotros cuando guarecerlas no es ni siquiera
una posibilidad

Tiempo de ataúdes de olas
de desapariciones sin trucos ni humaredas,
cuando desapareció la Kawasaki de mi hermano esquizo
igual llegó luego un Volky que desaparecería también,
entonces las pistas de carros eléctricos molestaron,
la colección de chiringas desapareció
las revistas pornográficas desaparecieron

Cómo decir que fue más o menos,

---

* 15 de abril de 2010 y 12-16 de junio de 2011, Silver Spring

ni más tarde ni más temprano,
cuando los juegos en la calle
—el-pañuelo-tira-y-tápate-toco-palo-al-esconder-los-gallitos-
la-patineta-y una lupa para quemar hormigas
con el mango rojo que cabía en un bolsillo—
todos todos toditos desaparecieron

Cuando el parque y su centro comunal se llenaron de mierda,
Literal-Mente de MIERDA
rebosante mierda humana
la inconfundible,
la sempiterna,
mojones mojones por doquier y
mi aire por aquella bicicleta,
el paso cerrado y
entre el centro comunal, una capilla, un cementerio de jeringuillas,
la grama que cede ante la arena tostada por algún
refresco que ya no es, latas y botellas que no se cansaron
de mostrarle sus dientes traslúcidos al sol

Cuando los columpios sólo crujen
los petardos se confunden con las balaceras,
a distancia fue
cuando
la confusión misma se confundió con su palabra,
cercana fue
la tarde,
la tarde era una siesta donde insistía lo que siempre sería igual

Fue cuando los árboles olvidaron echar sombra
las conversaciones bajo el azul nocturno de los postes —no more—
oasis de fantasías que parpadeara poco,

tal vez cuando regresaron las ratas
¿se habrán ido alguna vez?
la eternidad de los mosquitos, la policía
los rejones de gallos vacíos,
el palomar abierto arruinado
donde mi hermano menor prefirió entrarle a escopetazos
a las palomas que nadie sabe cómo seguían regresando al atardecer,
cuando la jueyera fue tapiada y
nadie las alimentaba

¿O fue cuando los balaustres se pudrieron?
mi gavetero se llenó de polilla
mi armario
el closet
la puerta
algunos libros laberinto
parking de la polilla,
cuando la pecera se cubrió de limo
y los guppies copulaban sin pausa,
los carros y los vecinos comienzan a matar nuestras mascotas,
cuando mi madre intentó algo y
un día llegó a la casa con un hermoso cachorro
enorme,
cuya belleza nada tiene que ver con este poema

Cuando el calor se volvió insufrible,
cuando mi padre no volvió a cenar con nosotros,
ni tan siquiera a dedicarnos su cocina del domingo,
mi madre entonces esparció los mejores platos
comenzó a ver demasiada televisión,
sus oraciones se confundieron con el llanto

Cuando los libros siguieron hinchados allí por la humedad y
las lecturas repetidas,
todo apenas
agrietaba el tedio,
cuando un océano tan similar y distinto
al que veíamos en el litoral
era la tonada insomne del suburbio,
cuando la grama fuera trocada por la piedra,
los árboles por el hongo
nuestros cuartos por el silencio

Comenzamos –miquécosa–
a imitar a nuestros mayores,
algunos al padre
otros a la madre
hicimos también nuestra mestura,
fue
quién lo duda
cuando todos comenzamos a mentir
Nadie intentaría decir la verdad,
los refrescos dejaron de tener hielo

Sería tal vez cuando
mi hermana algo dijo
al convencer a un aprendiz de maestro de obras
para que remodelara la casa o
ya era demasiado tarde,
odiábamos soportar el tiempo allí y
no sabíamos aún que el afuera sería
entre parpadeos su espejo en rotación

Los robos se sucedieron idénticos
idénticos como la identidad nacional
se sucede en el calendario
con un ritmo y cadencia sin igual,
dejamos de veranear en Luquillo,
las visitas a Morovis
tenían el sabor de un jarabe rancio
que tomábamos sin estar enfermos,
sin televisión ni la catarata magnífica de colores y
cuerpos del Cable TV,
sólo quedaba el paisaje:
un archipiélago de avisperos en las persianas

Sería cuando comenzó a llover con imprudencia y
las goteras no cesaban y
el fango que sabe de la democracia isleña
no discriminó sus miradas,
cuando garrapatas verdes obesas ascendían por las paredes,
cuando las fiestas familiares dejaron de ser ambas cosas,
sobre todo cuando las navideñas recalaron en reunión de logia
envejecida
medicada,
cuando los achaques no los ocultaba
ni el más desesperado de los tintes de pelo

Las otras fiestas
las de discjockey-marquesina-ventetú-y-estéreo
también nevermore para ellas,
bye bye,
entre la envidia y la jaquetonería de tanto plante y fronte
paquete perfumado y cadenón papá,

vaya brodel mano coño cómo túestás
nada:
«Señooora» «Señooora» «Señooora»:
no hay nadie...
Buenas tardes, ¿Conoce usted a su salvador?
nada:
cuando hasta la música misma deja de escucharse

Cuando la casa de santo algo procuró hacer
con un tambor,
pero entre la chapuza de uno y la mediocridad ciudadana
todo terminaría como una fiesta de jíbaros,
un cuadro de costumbres
producido por la televisora del canal del gobierno
con el cual sería restaurada la memoria de la comunidad

seguimos mintiendo cuando
nadie se molestó en tomar fotografías,
quién sabe si la cosa fue que los vecinos dejaran de rondar sus patios o
cuando los animales y las plantas se llenaron de llagas,
cuando las fachadas dejaron de serlo,
cuando el cachete de un niño se fundía al plástico del sofá
entre las conversaciones de un domingo

Cuando viajar era apenas una intermitencia en la que nadie creía,
cuando salir era la concesión que dilapidaba alguna fe,
resignado = derrotado en mi encierro
–lo recuerdo como hoy–
de repente llegó ella,
la hermosa y su carne,
la temblorosa y su voz,

la que arde en su belleza,
la amorosa que llevará por siempre el nombre de Ivette y
viaja fabulosa en brevísimo bastimento naranja,
de aromas plenos su deambular
al cual apenas se le aprecian en los laterales dos palabras: Ford Fiesta

Cuando estacione frente a mi casa
algo habrá de suceder,
mi tiempo sabrá de escapatorias,
cuando abra esta puerta sin edad,
se distinguirán portentosos los muslos
acentuará mi vida con su –oh– magnífico culo,
masa con masa el caderamen devasta la casa

Cuando nadie sabe cómo soporta la sordidez que se extiende
entre la puerta del conductor, el baúl y el tiempo de las islas,
la hermosa trajina siempre su cuerpo contra el viento,
cuando todo iba glutinoso hacia la nada del siempre,
fue el instante de su venir
que dejó sentir y descubrir
el tiempo de la escucha

Allí entonces fue la cosa,
recibo por vez primera mi nombre
nunca antes supe de mi nombre,
por primera vez antes de que aparezca en mis ojos
cuando ya ha extraído del auto un saco húmedo
manchado,
entre sus tejidos distingo las patas de un cangrejo,
la insistencia tensa de una garra

ahora
cuando se devuelve y
repite mi nombre,
sólo entonces y nunca más pero justo ahora y siempre
otra vez esta templa recién cuajada:
mano procelosa
procelosa y se dice también estremecida,
un llamado que se detiene en el aire,
un llamado que detiene el aire como un zumbido entre paréntesis
una voz que detiene el viento para que eche ojos labia y nariz,
una voz y una mano que levanta
contra todo y contra todos la monstruosa cabeza de la Medusa.

Cuando los ojos ya eran sierpes
entonces sólo entonces,
cuando el oído sólo labios
entonces sólo entonces,
cuando mi boca nada guarda del recuerdo
se escucha por primera vez,
gloriosa y húmeda entrepierna
el cantar del universo:
amor, ya no vuelvas más los ojos
amor mío,
ya está hecho,
es hora de por fin marcharnos.

Arte oral

Leo en voz alta mis versos y pierdo su ritmo,
cual saque en el billar o ese letrero que pide que «Ceda el Paso»,
mi voz les daña su amistad compartida
su pirámide racimada,
sus eufonías bien logradas,
trato y trato de encontrar su tono
hasta desmembrarlos
desmenuzo su cosa
su hermandad,
los acentúo mal,
todo se corta de golpe
se dispersan en cualquier dirección
(recuerdo los golpes que una maestra de Español me dedicara).

Los incido parcialmente antes o después,
ese, sin embargo, no es el problema,
sino que rotos me los como
cual maíz picado
cual friturilla de pana y
nunca los veo regresar parecidos a los que escribí,
los paladeo
los copio,
nunca he palpado nada original
en las glándulas altísimas de la Oralidad y sus cuadernos.

---

* 3 de mayo de 1991, 28 de octubre de 1994 y 28 de enero de 2015, New Haven y Río Piedras.

Siempre distintos
peores
tartamudos,
menores gracias a un dios imposible,
me repito la dosis solitaria y
me trago la lengua antes de confesar.

Caballo de Troya

En las profundidades,
donde la zanja frente al Morro
es Medusa negra,
donde el negro se traga al negro,
un enorme pez ciego y
sin escamas
levanta un arco,
aleta membranosa
labia fluorescente

Perdidos por este fulgor tenue,
atraídos por la candelilla,
extendido pene
prensil carboncillo
efectivo lazo
bastón blando nadador,
arpón escondido que es toda luz,
pequeños peces en su boca sucumben

En las profundidades,
el pez desarruga su órgano,
lo pasa sereno
tardo cual melaza
sobre una escultura que tocada ahora
echa a la corriente inmóvil su detritus depositado

---

* 1 de septiembre de 2010, 18-19 de diciembre de 2012 y 28 de enero de 2015, Córdoba, Argentina y Silver Spring.

De madera desusado
negro otra vez,
sepultado hasta las rodillas
el caballo relincha

En las profundidades del Atlántico,
un pez de los mil demonios
deja caer su sexo basto
sobre el caballo de Troya

Descendiente
tras sus cuartos traseros,
el pez despeja la cola de una sola mordida,
el trazo que las ruedas olvidaran sobre la arena
un oleaje secreto
de cuando en vez
la mar de ocasiones
lo borra y lo escribe,
avanza retrocediendo

Es posible imaginar a los aqueos
suspendidos en aquella marcha,
sin embargo por allí no se los ve

¿Cuál es tu guerra, mijo?
¿Qué has hecho para estar aquí sumergido
y con el mar adentro?
¿Quién te imaginará ahora como el golpe sigiloso de la muerte?
Quién iba a decir que está sería tu mejor batalla,
cara a cara con tu doble vivo
bellaco y terso

En esta lejana balsa,
tumba abierta,
náufrago sin isla,
caballo sin palo,
sordo sin procesión
ni a rebato,
sin bullicio
el caballo de Troya
anuncia la eternidad en un paso
que nunca habrá de dar

En las profundidades,
donde la alharaca nunca ha tenido asiento,
allí: bóveda oscura
bóveda en la bóveda
(paréntesis de titanio negro)
la cabeza los belfos
el copete las crines
la tensión hermosa del cuello,
esperan por siempre lo que ya les pertenece

El pez auspicioso,
primero de su estirpe
aletea violento su velocísima despedida,
una flecha de sombra oscurece la penumbra

Bajo el hongo de las arenas alzadas,
ya sin quites
sin cuerpo,
in-proceloso
un caballo congelado por la tiniebla
no se cansa de esperar

Me tocó vivir

Me tocó vivir en un puente de arena,
mi vida es esta meseta tensada por una liana de mangle y
las manos de mi padre muerto.

Mi vida tiene la consistencia del miasma,
la misma duración,
el mismo descoyuntarse de la era,
los mismos proyectos
enrolados con la consistencia del ajonjolí
y el trombón de Barry Rogers.

Cuando el puente se eleva
lo impulsa un tendón traslúcido,
dardo en metamorfosis,
su condición granular
seca o húmeda
es la misma cosa blanda.

Quién lo duda
por doquier maestros, jefes de agencia,
trabajadores sociales, gestores culturales,
psiquiatras, alcaldesas
abogados, poetas, poEGOS,
neo-patriotas,

---
* 29 de septiembre y 12 de octubre de 2009, 10 y 30 de marzo de 2014 y 28 de abril de 2015, Silver Spring.

charlatanes
cínicos vulgares,
cínicos sofisticados,
cínicos desempleados,
desempleados sinceros,
desempleados cínicos,
cínicos de closet,
closet de cínicos,
profesores sin libros,
libros sin profesores,
perros satos,
perros falderos,
¡oh tiradores de droga
cuánto nos han ayudado!
un litoral asqueroso
entusiasmado con el olor de la brea
todo eso y más
tenemos.

Hay incluso un amanecer olvidado
para siempre por su propia belleza,
el escándalo de su silencio lleno de luz
asediado por el ruido de tantos feligreses,
el silencio vaporoso de las criaturas
que lo vegetan
cercado
por las guturaciones alargadas del sebo de los sexos.

Aletargado por las sombras que ya trepan
me subo a los órganos de mis días,
me toco el cuerpo,

un montículo de arena y espuma,
el regazo de mi madre
apenas.

En la noche pude enfocarme
gracias a los aparatos
a las pantallas
Nítidas, nitidísimas veloces
como un parpadeo,
las quise mucho.

El puente se sumerge conmigo,
en su forma mudo el carapacho.

www.ingramcontent.com/pod-product-compliance
Lightning Source LLC
Chambersburg PA
CBHW032126160426
43197CB00008B/537